Inhalt

Einleitung 4

Einstieg 7

Formulierung effektiver Überschriften 11

Wichtigkeit eines starken Einstiegs 14

Methoden zur Leserbindung 17

Argumentation und Beweisführung 20

Storytelling im Copywriting 23

Handlungsaufforderungen, die konvertieren 27

Erstellen effektiver CTAs 30

Positionierung und Design 33

Copywriting in der Praxis 36

SEO-Copywriting 39

Grundlagen der Suchmaschinenoptimierung 42

Schreiben für Menschen und Maschinen 45

E-Mail-Marketing 48

Aufbau wirksamer E-Mail-Kampagnen 51

Personalisierung und Automatisierung 54

Social Media Copywriting 59

Anpassung an verschiedene Plattformen 62

Erzeugung von Engagement und Shares 65

Content-Marketing 68

Erstellung von Inhalten, die verkaufen 71

Blogging, Videos, Infografiken 74

Fortgeschrittene Techniken und Strategien 77

Copywriting-Formeln 80

AIDA: Attention, Interest, Desire, Action 80

PAS: Problem, Agitate, Solution 82

FAB: Features, Advantages, Benefits 85

The 4 Cs: Clear, Concise, Compelling, Credible 87

The 4 Us: Urgent, Unique, Useful, Ultra-specific90

ACCA: Awareness, Comprehension, Conviction, Action 92

QUEST: Qualify, Understand, Educate, Stimulate, Transition 95

BAB: Before, After, Bridge 97

STAR: Situation, Task, Action, Result 100

PPPP: Picture, Promise, Prove, Push 102

The 5 Ws: Who, What, When, Where, Why 105

OATH: Oblivious, Apathetic, Thinking, Hurting   107
SLAP: Stop, Look, Act, Purchase   110
IDCA: Interest, Desire, Conviction, Action   113
The 4 P's: Picture, Promise, Prove, Push   115
Psychologische Trigger im Copywriting   119
Anwendung psychologischer Prinzipien   119
Erzeugung von Dringlichkeit und Knappheit   123
A/B-Tests und Optimierung   126
Einführung in A/B-Tests   126
Iterative Verbesserungen und Messung   129
Copywriting für verschiedene Medien   132
Anpassungen für Print, Web und mobile Plattformen   135
Cross-Channel-Marketingstrategien 138
Aufbau einer Copywriting-Karriere 141
Freelancing vs. Festanstellung   141
Portfoliogestaltung und Networking 144
Fortlaufende Bildung und Trends   147
Wichtige Ressourcen für Copywriter 147
Bleiben Sie auf dem Laufenden mit Branchentrends   150
Anhang   153
Glossar wichtiger Begriffe   153
Empfohlene Ressourcen und Werkzeuge   156
Danke   159
Feedback   161
Feedback im Internet   162
Impressum 164
Gendering   165
Mehr vom Autor   166

"Der Mann, der siegt und überlebt, schafft dies nur aufgrund überlegener Wissenschaft und Strategie. Die besten Anzeigen fordern niemanden zum Kauf auf. Das ist nutzlos." - Claude C. Hopkins

Einleitung

In der Welt des Marketings und der Werbung ist das Copywriting eine essenzielle Komponente für den Erfolg von Kampagnen und Marken. Doch was genau verbirgt sich hinter diesem Begriff, der oft als das "Herzstück" jeder Werbestrategie bezeichnet wird? Copywriting ist weit mehr als nur das Zusammenstellen von Wörtern und Sätzen; es ist die Kunst der Wortgewandtheit und Überzeugung, die es ermöglicht, Zielgruppen zu erreichen, Emotionen zu wecken und Handlungen zu inspirieren.

Die Bedeutung des Copywritings:

In einer Welt, in der die Aufmerksamkeitsspanne der Verbraucher immer kürzer wird und die Konkurrenz in nahezu jedem Marktsegment intensiver wird, ist effektives Copywriting von entscheidender Bedeutung. Es ist die Fähigkeit, eine Botschaft so zu formulieren, dass sie nicht nur gehört, sondern auch verstanden und geschätzt wird. Gutes Copywriting geht über das bloße Informieren hinaus; es verbindet sich mit den Lesern auf einer emotionalen Ebene, löst Bedürfnisse aus und bietet Lösungen für ihre Probleme.

Die Rolle des Copywriters:

Der Copywriter ist der Architekt hinter den Worten. Es ist seine Aufgabe, die Markenstimme zu interpretieren und sie in eine Sprache zu übersetzen, die für die Zielgruppe ansprechend und verständlich ist. Dabei muss er nicht nur die Produkte oder Dienstleistungen verstehen, sondern auch die Menschen, die sie kaufen werden. Ein guter Copywriter ist daher ein Meister der Psychologie, der in der Lage ist, die Motivationen und

Bedürfnisse der Verbraucher zu erkennen und darauf einzugehen.

Die Kunst der Überzeugung:

Ein erfolgreiches Stück Copywriting überzeugt nicht nur, es begeistert. Es spricht die Sinne an, weckt Emotionen und hinterlässt einen bleibenden Eindruck. Dies erfordert nicht nur Kreativität, sondern auch Präzision und strategisches Denken. Jedes Wort, jeder Satz und jeder Absatz muss sorgfältig ausgewählt und platziert werden, um die gewünschte Wirkung zu erzielen.

Die Vielfalt des Copywritings:

Copywriting ist keine starre Disziplin, sondern eine vielseitige Kunstform, die sich an die Anforderungen verschiedener Medien und Plattformen anpassen kann. Vom knackigen Slogan über den überzeugenden Produktbeschreibungstext bis hin zum ausführlichen Blogbeitrag - die Möglichkeiten sind endlos. Ein versierter Copywriter versteht es, sich in verschiedenen Stilen und Formaten auszudrücken, um die bestmögliche Resonanz zu erzielen.

Die Bedeutung von Forschung und Analyse:

Erfolgreiches Copywriting beruht nicht nur auf Kreativität, sondern auch auf fundierten Kenntnissen über die Zielgruppe und den Markt. Daher ist gründliche Recherche ein unverzichtbarer Bestandteil des Prozesses. Ein gut informierter Copywriter weiß, was seine Leser bewegt, welche Trends relevant sind und wie er sich von der Konkurrenz abheben kann.

Der Weg zum Meister des Copywritings:

Wie bei jeder Kunstform erfordert auch das Copywriting Übung, Engagement und eine ständige Bereitschaft zur Weiterentwicklung. Die besten Copywriter sind jene, die niemals aufhören zu lernen und zu experimentieren, die offen sind für neue Ideen und Ansätze und die ihre Fähigkeiten kontinuierlich schärfen.

In dieser Einführung haben wir einen ersten Einblick in die Welt des Copywritings gewonnen - eine Welt voller Kreativität, Strategie und Überzeugungskraft. In den kommenden Abschnitten werden wir tiefer in die verschiedenen Aspekte und Techniken des Copywritings eintauchen, um ein umfassendes Verständnis für diese faszinierende Disziplin zu erlangen.

Einstieg

Das Eintauchen in die Welt des Copywritings ist eine faszinierende Reise, die sowohl kreatives Denken als auch analytische Fähigkeiten erfordert. Copywriting, die Kunst des Verfassens überzeugender Texte, die Menschen dazu bewegen, zu handeln oder zu reagieren, ist ein wesentlicher Bestandteil vieler Branchen, von der Werbung über das Marketing bis hin zum Verlagswesen. Ein erfolgreicher Einstieg in das Copywriting erfordert eine Kombination aus Talent, Training und Engagement.

Die Grundlagen des Copywritings verstehen
Bevor man in die Welt des Copywritings eintaucht, ist es wichtig, die Grundlagen zu verstehen. Copywriting ist viel mehr als nur das Schreiben von Worten. Es geht darum, die Psychologie der Zielgruppe zu verstehen, die Bedürfnisse und Wünsche der Menschen zu erkennen und effektive Wege zu finden, um sie zu erreichen. Ein angehender Copywriter sollte sich mit verschiedenen Techniken vertraut machen, wie beispielsweise:

Zielgruppenanalyse: Erfolgreiches Copywriting erfordert ein tiefes Verständnis der Zielgruppe. Wer sind sie? Was sind ihre Bedürfnisse, Ängste, Träume und Hoffnungen? Welche Sprache sprechen sie? Je besser ein Copywriter seine Zielgruppe kennt, desto gezielter kann er seine Botschaften gestalten.

Überzeugungstechniken: Copywriting zielt darauf ab, Menschen zu überzeugen, sei es zum Kauf eines Produkts, zum Abonnieren eines Newsletters oder zum Besuch einer Website. Verschiedene Überzeugungstechniken wie soziale Beweise, Autorität, Knappheit und Reziprozität können dabei helfen, die Leser zu aktivieren.

Storytelling: Geschichten haben eine einzigartige Kraft, Menschen zu fesseln und Emotionen zu wecken. Ein guter Copywriter weiß, wie man Geschichten in seine Texte integriert, um die Aufmerksamkeit der Leser zu gewinnen und eine Verbindung herzustellen.

Entwicklung von Schreibfertigkeiten
Um ein erfolgreicher Copywriter zu werden, ist es unerlässlich, kontinuierlich an seinen Schreibfertigkeiten zu arbeiten. Dies umfasst nicht nur das Beherrschen der Grammatik und Rechtschreibung, sondern auch die Fähigkeit, mit Worten zu jonglieren, um starke, einprägsame Slogans, Headlines und Texte zu erstellen. Hier sind einige Schritte, um die Schreibfertigkeiten zu verbessern:

Lesen: Lesen ist ein wesentlicher Bestandteil der Schreibpraxis. Durch das Lesen von Büchern, Artikeln, Anzeigen und anderen Formen des Schreibens kann man sich mit verschiedenen Stilen, Tonlagen und Techniken vertraut machen.

Schreiben Sie täglich: Wie bei jedem Handwerk ist Übung der Schlüssel zum Erfolg. Setzen Sie sich jeden Tag hin und schreiben Sie. Auch wenn es nur ein kurzer Text ist, hilft diese tägliche Übung dabei, die Schreibmuskeln zu stärken und den eigenen Stil zu entwickeln.

Feedback einholen: Bitten Sie Freunde, Familie oder Kollegen, Ihre Texte zu lesen und Feedback zu geben. Konstruktive Kritik kann dabei helfen, Schwachstellen zu identifizieren und die eigenen Fähigkeiten zu verbessern.

Lernen von den Besten: Studieren Sie die Arbeit renommierter Copywriter und analysieren Sie, was ihre Texte so wirkungsvoll macht. Nehmen Sie sich Zeit, um erfolgreiche Anzeigen, Verkaufsseiten und

Marketingkampagnen zu studieren und zu verstehen, welche Techniken sie verwenden.

Spezialisierung und Weiterbildung
Während ein solides Grundverständnis für Copywriting wichtig ist, kann es auch von Vorteil sein, sich auf bestimmte Nischen oder Branchen zu spezialisieren. Ob es sich um Technologie, Gesundheit, Mode oder Finanzen handelt, eine Spezialisierung kann es einem Copywriter ermöglichen, sich als Experte in seinem Bereich zu etablieren und attraktiver für potenzielle Kunden zu werden.

Darüber hinaus ist kontinuierliche Weiterbildung unerlässlich, um mit den sich ständig ändernden Trends und Technologien Schritt zu halten. Es gibt viele Ressourcen, um das Copywriting-Handwerk zu erlernen und zu verbessern, darunter Online-Kurse, Bücher, Webinare und Konferenzen.

Aufbau eines Portfolios und Netzwerks
Ein solides Portfolio ist unerlässlich, um potenzielle Kunden oder Arbeitgeber zu überzeugen. Sammeln Sie Beispiele Ihrer Arbeit, sei es durch freiberufliche Projekte, Praktika oder persönliche Projekte, und präsentieren Sie diese auf Ihrer Website oder in einem Portfolio. Ein beeindruckendes Portfolio kann den entscheidenden Unterschied bei der Suche nach neuen Möglichkeiten machen.

Darüber hinaus ist es wichtig, ein Netzwerk aufzubauen. Treten Sie Copywriting-Gruppen bei, besuchen Sie Branchenveranstaltungen und knüpfen Sie Kontakte mit anderen Fachleuten in der Branche. Persönliche Beziehungen können oft zu neuen Aufträgen oder Karrieremöglichkeiten führen.

Der Einstieg in das Copywriting erfordert Engagement, Hingabe und kontinuierliche Weiterentwicklung. Indem man die Grundlagen des Copywritings versteht, seine Schreibfertigkeiten verbessert, sich spezialisiert, ein beeindruckendes Portfolio aufbaut und ein starkes Netzwerk aufbaut, kann man den Weg zu einer erfolgreichen Karriere als Copywriter ebnen. Es ist eine Reise, die zwar herausfordernd sein kann, aber auch äußerst lohnend ist, da man die Möglichkeit hat, mit seinen Worten Menschen zu beeinflussen und zu inspirieren.

Formulierung effektiver Überschriften

Das Formulieren effektiver Überschriften ist eine der wichtigsten Fähigkeiten im Bereich des Copywritings. Eine Überschrift ist oft das Erste, was ein Leser sieht, und sie muss in der Lage sein, Aufmerksamkeit zu erregen, Interesse zu wecken und den Leser dazu zu bewegen, weiterzulesen. Eine erfolgreiche Überschrift muss also nicht nur informativ sein, sondern auch emotional ansprechend und überzeugend wirken. Hier sind einige wichtige Aspekte, die beim Formulieren effektiver Überschriften zu beachten sind:

- Klarheit und Prägnanz: Eine gute Überschrift sollte klar und prägnant sein. Sie muss dem Leser sofort vermitteln, worum es im Text geht, ohne dabei zu lang oder unübersichtlich zu sein. Vermeiden Sie also unnötige Wörter und Phrasen und halten Sie die Überschrift so kurz wie möglich.

- Relevanz: Die Überschrift sollte relevant für den Inhalt des Textes sein. Sie sollte das Hauptthema oder den Hauptnutzen des Textes aufgreifen und den Leser dazu ermutigen, mehr erfahren zu wollen. Wenn die Überschrift nicht zum Inhalt passt, kann dies zu Verwirrung oder Desinteresse führen.

- Emotionale Anziehungskraft: Emotionen spielen eine große Rolle dabei, ob ein Leser sich für einen Text interessiert oder nicht. Eine gute Überschrift spricht die Emotionen des Lesers an, sei es Neugierde, Begeisterung, Angst oder Hoffnung. Indem Sie emotionale Trigger in Ihre Überschrift einbauen, können Sie die Aufmerksamkeit des Lesers auf sich ziehen und ihn dazu bringen, weiterzulesen.

- Einzigartigkeit: Um sich von der Masse abzuheben, sollte Ihre Überschrift einzigartig sein. Vermeiden Sie Phrasen oder Formulierungen, die bereits tausendfach verwendet wurden, und setzen Sie stattdessen auf originelle und kreative Ansätze. Eine originelle Überschrift weckt Interesse und zeigt, dass der Text etwas Neues oder Besonderes zu bieten hat.

- Nutzen betonen: Menschen lesen Texte, weil sie einen Nutzen davon erwarten. Ihre Überschrift sollte daher den Nutzen Ihres Textes deutlich betonen. Das kann ein direkter Nutzen sein, wie zum Beispiel "10 Tipps, um Ihre Produktivität zu steigern", oder ein impliziter Nutzen, der Emotionen anspricht, wie "Wie Sie endlich Ihren Traumjob finden".

- Aufforderung zum Handeln: In vielen Fällen ist es effektiv, in der Überschrift eine klare Handlungsaufforderung zu platzieren. Das kann zum Beispiel ein Aufruf zum Kauf, zur Anmeldung oder zur Weiterleitung sein. Indem Sie den Leser direkt ansprechen und ihn dazu auffordern, eine bestimmte Handlung zu vollziehen, erhöhen Sie die Wahrscheinlichkeit, dass er Ihrem Text folgt.

- Testen und Optimieren: Die Kunst des Copywritings besteht auch darin, kontinuierlich zu testen und zu optimieren. Probieren Sie verschiedene Überschriften aus und analysieren Sie, welche am besten funktionieren. A/B-Tests können dabei helfen, die Wirksamkeit verschiedener Überschriften zu messen und herauszufinden, welche am meisten

Aufmerksamkeit erregt und die gewünschten Reaktionen hervorruft.

Zusammenfassend lässt sich sagen, dass effektive Überschriften eine Kombination aus Klarheit, Relevanz, Emotionalität, Einzigartigkeit, Nutzenbetonung, Handlungsaufforderung und kontinuierlichem Testing sind. Indem Sie diese Aspekte berücksichtigen und Ihre Überschriften entsprechend gestalten, können Sie sicherstellen, dass Ihre Texte die Aufmerksamkeit der Leser auf sich ziehen und sie dazu bringen, weiterzulesen oder zu handeln.

Wichtigkeit eines starken Einstiegs

Der Einstieg ist zweifellos eine der wichtigsten Aspekte des Copywritings. Er ist das Tor, das den Leser in den Text einlädt und entscheidet oft darüber, ob er weiterliest oder nicht. Ein starker Einstieg ist wie der erste Eindruck bei einem Treffen mit jemandem - er sollte fesselnd, überzeugend und informativ sein, um das Interesse des Lesers zu wecken und ihn dazu zu bringen, mehr zu erfahren.

Die Bedeutung eines starken Einstiegs im Copywriting lässt sich auf mehrere wesentliche Punkte zurückführen:

- Aufmerksamkeit erregen: In einer Welt, in der wir ständig von Informationen überflutet werden, ist es entscheidend, die Aufmerksamkeit des Lesers sofort zu gewinnen. Ein starker Einstieg sollte eine Art "Magnet" sein, der den Leser dazu bringt, innezuhalten und sich dem Text zuzuwenden.

- Interesse wecken: Ein guter Einstieg sollte nicht nur die Aufmerksamkeit des Lesers auf sich ziehen, sondern auch sein Interesse wecken. Er sollte dem Leser einen Grund geben, weiterzulesen, indem er eine relevante Frage stellt, eine interessante Tatsache präsentiert oder ein Problem anspricht, das der Leser möglicherweise hat.

- Verbindung herstellen: Ein erfolgreicher Einstieg sollte es dem Leser ermöglichen, sich mit dem Text zu identifizieren oder eine persönliche Verbindung dazu herzustellen. Dies kann durch die Ansprache gemeinsamer Herausforderungen, Bedürfnisse oder Ziele geschehen, die der Leser möglicherweise hat.

- Glaubwürdigkeit aufbauen: Der Einstieg ist auch eine Gelegenheit, dem Leser zu zeigen, dass der Text glaubwürdig ist und einen Mehrwert bietet. Dies kann durch die Verwendung von Fakten, Statistiken, Zitaten oder Erfahrungsberichten geschehen, die die Autorität des Autors oder des Unternehmens unterstreichen.

- Handlungsaufforderung vorbereiten: Ein starker Einstieg bereitet den Boden für die Handlungsaufforderung (Call-to-Action) vor, die später im Text folgen wird. Indem er das Interesse des Lesers weckt und ihn davon überzeugt, dass der Text relevant und wertvoll ist, erhöht ein guter Einstieg die Wahrscheinlichkeit, dass der Leser auf die Handlungsaufforderung reagiert.

Es gibt verschiedene Techniken, um einen starken Einstieg zu gestalten, darunter:

- Fragen stellen: Eine provokante oder fesselnde Frage kann den Leser dazu bringen, über sein eigenes Leben oder seine eigenen Bedürfnisse nachzudenken und sich mit dem Text zu beschäftigen.
- Geschichten erzählen: Eine gut erzählte Geschichte kann den Leser emotional ansprechen und sein Interesse wecken, indem sie ihn in eine andere Welt entführt oder ihm zeigt, wie andere Menschen ähnliche Probleme gelöst haben.
- Statistiken oder Fakten präsentieren: Aussagekräftige Statistiken oder Fakten können das Interesse des Lesers wecken, indem sie ein Problem quantifizieren oder die Dringlichkeit einer Lösung unterstreichen.
- Einen Nutzen oder Mehrwert hervorheben: Indem der Einstieg einen klaren Nutzen oder Mehrwert für

den Leser herausstellt, kann er ihn dazu motivieren, weiterzulesen, um mehr darüber zu erfahren, wie er davon profitieren kann.

Insgesamt ist ein starker Einstieg im Copywriting von entscheidender Bedeutung, um die Aufmerksamkeit und das Interesse des Lesers zu gewinnen, eine persönliche Verbindung herzustellen, Glaubwürdigkeit aufzubauen und den Weg für eine erfolgreiche Handlungsaufforderung zu ebnen. Daher sollten Copywriter viel Zeit und Aufmerksamkeit darauf verwenden, den perfekten Einstieg für ihre Texte zu entwickeln.

Methoden zur Leserbindung

Leserbindung ist ein wesentlicher Aspekt im Bereich des Copywritings, der darauf abzielt, das Interesse und die Aufmerksamkeit der Leser zu gewinnen und sie dazu zu bringen, sich mit dem Text oder der Botschaft zu beschäftigen. Es ist eine Kunst, die darauf beruht, eine Verbindung zwischen dem Leser und dem geschriebenen Inhalt herzustellen, die über bloße Oberflächlichkeit hinausgeht. In diesem Sinne ist es wichtig, verschiedene Methoden und Strategien zu verstehen, die dazu beitragen können, eine nachhaltige Leserbindung zu erreichen.

- Zielgruppenkenntnis: Ein grundlegendes Element für die Leserbindung ist das Verständnis der Zielgruppe. Ein erfolgreicher Copywriter muss die Bedürfnisse, Wünsche, Probleme und Interessen seiner Leser verstehen. Nur so kann er relevante und ansprechende Inhalte erstellen, die die Leser fesseln.

- Emotionale Ansprache: Menschen werden nicht nur durch rationale Argumente, sondern auch durch Emotionen angesprochen. Durch die Verwendung emotionaler Trigger wie Freude, Angst, Empathie oder Verlangen kann ein Copywriter eine tiefere Verbindung zu den Lesern herstellen.

- Storytelling: Geschichten sind ein kraftvolles Werkzeug, um die Aufmerksamkeit der Leser zu fesseln und sie in den Text zu ziehen. Indem man eine fesselnde Geschichte erzählt, die die Leser berührt oder unterhält, kann man eine starke Bindung aufbauen und sie dazu bringen, weiterzulesen.

- Einbindung von Mehrwert: Leserbindung wird auch durch die Bereitstellung von Mehrwert erreicht. Dies kann durch das Teilen von nützlichen Informationen, Tipps, Ratschlägen oder Einblicken geschehen, die den Lesern einen Nutzen bieten und sie dazu ermutigen, weiterzulesen und sich mit dem Inhalt zu beschäftigen.

- Interaktive Elemente: Die Einbindung interaktiver Elemente wie Umfragen, Quizze, Umfragen oder Call-to-Action Buttons kann die Leserbindung erhöhen, indem sie die Leser dazu ermutigen, aktiv am Inhalt teilzunehmen und sich eingebunden zu fühlen.

- Persönlichkeit und Stimme: Eine klare und einzigartige Stimme, die Persönlichkeit ausstrahlt, kann dazu beitragen, eine Verbindung zu den Lesern herzustellen und sie dazu zu bringen, sich mit dem Verfasser zu identifizieren. Eine konsistente Stimme schafft Vertrauen und Glaubwürdigkeit.

- Visualisierung: Bilder, Grafiken und Videos können dazu beitragen, die Leserbindung zu erhöhen, indem sie den Text auflockern, visuelle Interessen wecken und komplexe Konzepte veranschaulichen. Visuelle Elemente sollten jedoch nicht nur dekorativ sein, sondern einen Mehrwert bieten und den Text unterstützen.

- Konsistenz: Konsistenz in Tonfall, Stil und Veröffentlichungszeitplan ist wichtig, um eine starke Leserbindung aufzubauen. Wenn Leser wissen, was sie erwarten können und sich darauf verlassen können, regelmäßig hochwertigen Inhalt zu erhalten, werden sie eher geneigt sein, sich mit dem Verfasser zu engagieren und ihm treu zu bleiben.

- Zwei-Wege-Kommunikation: Die Einbeziehung der Leser durch Kommentare, Feedback-Anfragen oder Diskussionsforen schafft eine interaktive Gemeinschaft und stärkt die Bindung zwischen dem Verfasser und seinen Lesern. Durch den Dialog entsteht eine persönliche Verbindung und die Leser fühlen sich gehört und geschätzt.

- Kontinuierliches Lernen und Anpassen: Die digitale Landschaft und die Lesegewohnheiten ändern sich ständig. Ein erfolgreicher Copywriter muss bereit sein, kontinuierlich zu lernen, neue Techniken zu erforschen und seine Strategien anzupassen, um die Leserbindung aufrechtzuerhalten und zu verbessern.

Insgesamt erfordert die Schaffung einer starken Leserbindung ein tiefes Verständnis für die Zielgruppe, kreative Ansätze, kontinuierliche Anpassung und vor allem die Fähigkeit, eine persönliche Verbindung herzustellen, die über den Text hinausgeht und eine dauerhafte Bindung schafft.

Argumentation und Beweisführung

Copywriting, als Kunst des Überzeugens und Verkaufens durch Text, basiert stark auf einer effektiven Argumentation und Beweisführung. Diese beiden Elemente sind fundamental, um das Interesse des Lesers zu wecken, seine Aufmerksamkeit zu halten und ihn letztendlich zur gewünschten Handlung zu bewegen, sei es ein Kauf, eine Anmeldung oder eine andere gewünschte Reaktion.

Die Argumentation im Copywriting bezieht sich auf die strukturierte Präsentation von Informationen, die die Vorteile eines Produkts oder einer Dienstleistung hervorheben. Sie muss logisch, überzeugend und relevant sein, um den Leser zu überzeugen. Eine effektive Argumentation beginnt oft mit der Identifizierung der Bedürfnisse, Probleme oder Wünsche der Zielgruppe. Durch das Ansprechen dieser Punkte kann der Copywriter eine Verbindung zwischen dem Angebot und den Bedürfnissen des Kunden herstellen.

Ein guter Weg, um eine überzeugende Argumentation zu erstellen, ist die Verwendung von Nutzenargumenten. Dabei werden nicht nur die Merkmale des Produkts oder der Dienstleistung aufgeführt, sondern vor allem, wie diese dem Kunden zugutekommen. Dies kann beispielsweise bedeuten, dass die Zeitersparnis, die Effizienzsteigerung oder die Verbesserung der Lebensqualität betont werden.

Darüber hinaus ist es wichtig, die Argumentation mit überzeugenden Beweisen zu untermauern. Beweisführung im Copywriting beinhaltet die Verwendung von Fakten, Statistiken, Fallstudien, Testimonials und anderen glaubwürdigen Quellen, um die Aussagen zu unterstützen und das Vertrauen des Lesers zu stärken. Kunden wollen oft nicht nur glauben, was ihnen gesagt wird, sondern sie wollen auch Beweise sehen, die die Behauptungen stützen.

Ein weiterer wichtiger Aspekt der Beweisführung ist die Verwendung von sozialen Beweisen. Das bedeutet, dass Erfahrungen anderer Kunden oder die Popularität eines Produkts genutzt werden, um Vertrauen und Glaubwürdigkeit aufzubauen. Dies kann durch Kundenbewertungen, Bewertungen in sozialen Medien oder Zertifizierungen und Auszeichnungen erreicht werden.

Darüber hinaus spielt die sprachliche Gestaltung eine entscheidende Rolle bei der Argumentation und Beweisführung im Copywriting. Die Verwendung von überzeugenden Worten, positiven Formulierungen und einer klaren, verständlichen Sprache trägt dazu bei, die Botschaft effektiv zu vermitteln und den Leser zu überzeugen.

Ein weiterer Aspekt, den man berücksichtigen sollte, ist die Kontextualisierung der Argumentation und Beweisführung. Das bedeutet, dass die Informationen und Beweise entsprechend der Zielgruppe und dem Medium angepasst werden müssen. Was in einem Werbebrief effektiv ist, kann in einem Online-Anzeigentext möglicherweise anders dargestellt werden müssen.

Zusammenfassend lässt sich sagen, dass eine effektive Argumentation und Beweisführung im Copywriting entscheidend sind, um das Interesse der Leser zu wecken, sie zu überzeugen und letztendlich zur gewünschten Handlung zu bewegen. Durch die strukturierte Präsentation von relevanten Informationen, die Betonung von Nutzenargumenten und die Verwendung überzeugender Beweise kann ein Copywriter das Vertrauen des Lesers gewinnen und den Erfolg der Werbebotschaft maximieren.

Storytelling im Copywriting

Storytelling im Copywriting ist eine faszinierende Kunstform, die die Macht hat, Menschen zu fesseln, Emotionen zu wecken und Verbindungen herzustellen. Es ist eine Technik, die in der Werbung und im Marketing weit verbreitet ist, aber auch in anderen Bereichen wie der Markenbildung, dem Content-Marketing und sogar in persönlichen Blogs und sozialen Medien verwendet wird. In diesem ausführlichen Text werde ich auf die Bedeutung, die Merkmale und die Effektivität von Storytelling im Copywriting eingehen.

Bedeutung von Storytelling im Copywriting:

Storytelling ist viel mehr als nur eine Aneinanderreihung von Wörtern. Es ist die Kunst, eine Geschichte zu erzählen, die das Publikum fesselt und beeinflusst. Im Bereich des Copywritings spielt Storytelling eine entscheidende Rolle, da es Unternehmen dabei hilft, ihre Botschaften auf eine Weise zu kommunizieren, die überzeugend und einprägsam ist. Durch das Erzählen von Geschichten können Marken Werte vermitteln, das Engagement steigern und Kunden dazu bringen, sich mit ihnen zu identifizieren.

Merkmale von Storytelling im Copywriting:

- Emotionale Verbindung: Eine gut erzählte Geschichte spricht die Emotionen an und erzeugt eine starke Verbindung zwischen der Marke und dem Publikum. Indem sie Emotionen wie Freude, Mitgefühl oder Nostalgie anspricht, kann Storytelling ein tiefes Gefühl der Verbundenheit schaffen.

- Authentizität: Authentische Geschichten sind glaubwürdig und ansprechend. Sie zeigen die menschliche Seite einer Marke und zeigen, dass hinter ihr echte Menschen mit echten Geschichten stehen. Authentizität ist entscheidend, um das Vertrauen der Verbraucher zu gewinnen und langfristige Beziehungen aufzubauen.

- Spannung und Erzählfluss: Eine gute Geschichte im Copywriting sollte den Leser von Anfang bis Ende fesseln. Sie sollte Spannung erzeugen und einen klaren Erzählfluss haben, der den Leser durch die Handlung führt und ihn dazu ermutigt, weiterzulesen.

- Einprägsamkeit: Starke Geschichten bleiben im Gedächtnis haften. Sie sind einprägsam und haben das Potenzial, lange nach dem Lesen im Kopf des Publikums zu bleiben. Ein guter Copywriter nutzt wiedererkennbare Elemente und überzeugende Charaktere, um sicherzustellen, dass die Geschichte lange nach dem ersten Kontakt in Erinnerung bleibt.

- Call-to-Action: Storytelling im Copywriting ist nicht nur dazu da, eine Geschichte zu erzählen, sondern auch dazu, eine bestimmte Handlung zu fördern. Eine effektive Geschichte führt den Leser subtil zu einem Call-to-Action hin, sei es zum Kauf eines Produkts, zum Abonnieren eines Newsletters oder zur Teilnahme an einer Veranstaltung.

Die Wirksamkeit von Storytelling im Copywriting zeigt sich in verschiedenen Aspekten:

- Engagement: Geschichten haben die einzigartige Fähigkeit, Aufmerksamkeit zu erregen und das Publikum zu engagieren. Durch interessante Charaktere, spannende Handlungen und emotionale Höhepunkte können Geschichten Leser dazu bringen, sich mit der Marke zu beschäftigen und sich für das Angebot zu interessieren.

- Markenbildung: Storytelling ist ein kraftvolles Werkzeug zur Markenbildung. Indem sie Werte, Visionen und Persönlichkeiten einer Marke vermitteln, helfen Geschichten dabei, eine emotionale Bindung zwischen der Marke und dem Publikum aufzubauen. Dadurch wird das Markenimage gestärkt und die Markenloyalität gefördert.

- Überzeugungskraft: Geschichten können Menschen auf einer emotionalen Ebene überzeugen und beeinflussen. Indem sie das Publikum dazu bringen, sich in die Charaktere oder Situationen hineinzuversetzen, können Geschichten Veränderungen im Verhalten und Denken der Leser bewirken.

- Differentiation: In einem überfüllten Marktumfeld kann Storytelling dabei helfen, eine Marke von ihren Mitbewerbern abzuheben. Indem sie eine einzigartige und fesselnde Geschichte erzählt, kann eine Marke ihre Alleinstellungsmerkmale betonen und ihre Einzigartigkeit hervorheben.

Insgesamt ist Storytelling im Copywriting eine kraftvolle Technik, die es Unternehmen ermöglicht, ihre Botschaften auf eine überzeugende und einprägsame Weise zu kommunizieren. Durch das Erzählen von Geschichten können Marken Emotionen wecken, Engagement steigern und langfristige Beziehungen zu ihren Kunden aufbauen. Es ist eine Kunst, die sowohl Kreativität als auch strategisches Denken erfordert, aber wenn sie richtig eingesetzt wird, kann sie das Potenzial haben, das Verhalten und die Einstellungen der Menschen zu verändern.

Handlungsaufforderungen, die konvertieren

Handlungsaufforderungen (Call-to-Actions oder CTAs) sind ein wesentlicher Bestandteil jeder Marketingkommunikation, sei es auf Websites, in E-Mails, auf Social-Media-Plattformen oder in gedruckten Materialien. Ihr Hauptziel ist es, den Leser oder Betrachter dazu zu ermutigen, eine bestimmte Handlung auszuführen, sei es das Ausfüllen eines Formulars, das Herunterladen eines Produkts, das Kaufen eines Artikels oder das Abonnieren eines Newsletters. Die Kunst des Copywritings besteht darin, CTAs zu entwerfen, die nicht nur auffallen, sondern auch zum Handeln anregen. Im Folgenden werde ich einige bewährte Methoden und Strategien für wirkungsvolle Handlungsaufforderungen erläutern, die konvertieren.

Klarheit und Direktheit: Ein effektiver CTA sollte klar und direkt sein. Vermeiden Sie vage Formulierungen und bringen Sie stattdessen deutlich zum Ausdruck, was der Leser tun soll. Verwenden Sie aktive Verben wie "Kaufen Sie jetzt", "Registrieren Sie sich hier" oder "Erhalten Sie Ihren Rabatt".

Dringlichkeit erzeugen: Menschen neigen dazu, schneller zu handeln, wenn sie das Gefühl haben, dass sie etwas verpassen könnten. Nutzen Sie daher Begriffe wie "Nur noch heute", "Letzte Chance" oder "Begrenztes Angebot", um Dringlichkeit zu erzeugen und den Leser dazu zu bewegen, sofort zu handeln.

Nutzen hervorheben: Stellen Sie den Nutzen oder den Wert der Handlung klar heraus. Warum sollte der Leser auf Ihren CTA reagieren? Zeigen Sie auf, welche Vorteile er durch die Handlung erhalten wird, sei es Zeitersparnis,

Kostenersparnis, Zugang zu exklusiven Inhalten oder die Lösung eines Problems.

Personalisierung: Personalisierte CTAs können besonders wirksam sein, da sie den Leser direkt ansprechen. Verwenden Sie beispielsweise den Namen des Lesers oder beziehen Sie sich auf frühere Interaktionen oder Einkäufe. Dadurch fühlt sich der Leser stärker mit der Handlung verbunden.

Design und Platzierung: Ein gut gestalteter CTA sollte sich deutlich von seinem Umfeld abheben. Verwenden Sie auffällige Farben, Schriftarten oder Grafiken, um die Aufmerksamkeit des Lesers zu erregen. Platzieren Sie den CTA strategisch an einer Stelle, die für den Leser leicht zu finden ist, wie zum Beispiel am Ende eines Blogposts oder in der Nähe eines Produkts.

Sozialer Beweis: Menschen tendieren dazu, das Verhalten anderer zu imitieren, insbesondere wenn sie unsicher sind. Nutzen Sie daher sozialen Beweis, indem Sie beispielsweise Testimonials, Bewertungen oder die Anzahl der bisherigen Käufe oder Downloads anzeigen. Dies kann das Vertrauen des Lesers stärken und ihn dazu ermutigen, dem CTA zu folgen.

A/B-Tests durchführen: Die Wirksamkeit von CTAs kann stark variieren, abhängig von verschiedenen Faktoren wie dem Zielpublikum, der Plattform und dem Angebot. Führen Sie daher regelmäßig A/B-Tests durch, um herauszufinden, welche Formulierungen, Designs oder Platzierungen am besten konvertieren. Basierend auf den Ergebnissen können Sie Ihre CTAs optimieren und verbessern.

Konsistenz bewahren: Stellen Sie sicher, dass der CTA konsistent mit dem Rest Ihrer Marketingbotschaft ist.

Der Leser sollte nicht verwirrt werden oder das Gefühl haben, dass der CTA nicht zum Gesamtkontext passt. Eine klare und konsistente Botschaft trägt dazu bei, das Vertrauen des Lesers zu stärken und die Konversionsrate zu erhöhen.

Insgesamt sind Handlungsaufforderungen ein entscheidendes Element jeder Marketingstrategie, das sorgfältige Planung, Testen und Optimieren erfordert. Indem Sie die oben genannten Prinzipien berücksichtigen und kontinuierlich Ihre CTAs analysieren und anpassen, können Sie sicherstellen, dass sie effektiv konvertieren und letztendlich zum Erfolg Ihrer Marketingbemühungen beitragen.

Erstellen effektiver CTAs

CTAs, oder "Call to Actions", sind ein entscheidender Bestandteil jeder Werbe- oder Marketingkampagne. Sie dienen dazu, den Leser oder Betrachter dazu zu bewegen, eine bestimmte Handlung auszuführen, sei es ein Produkt zu kaufen, sich für einen Newsletter anzumelden, eine Website zu besuchen oder sich für weitere Informationen zu registrieren. Die Effektivität eines CTA kann den Unterschied zwischen einer erfolgreichen Kampagne und einem Misserfolg ausmachen. Daher ist es von entscheidender Bedeutung, CTAs sorgfältig zu gestalten und zu optimieren, um die gewünschten Ergebnisse zu erzielen.

Ein effektiver CTA sollte mehrere wichtige Elemente enthalten, um die Aufmerksamkeit des Zielpublikums zu erfassen und sie zur gewünschten Aktion zu bewegen. Hier sind einige wichtige Punkte, die bei der Erstellung wirksamer CTAs zu beachten sind:

Klare und handlungsorientierte Sprache: Ein guter CTA sollte klar und prägnant sein. Vermeiden Sie es, vage oder ablenkende Sprache zu verwenden. Verwenden Sie stattdessen handlungsorientierte Verben, die den Leser direkt zum Handeln auffordern, z. B. "Kaufen Sie jetzt", "Melden Sie sich an", "Entdecken Sie mehr".

Schaffen Sie einen Mehrwert: Der CTA sollte dem Benutzer klar machen, welchen Nutzen er durch die gewünschte Aktion erhält. Dies kann in Form eines Angebots, eines Rabatts, exklusiver Inhalte oder anderer Anreize erfolgen, die den Benutzer dazu motivieren, zu handeln.

Positionierung und Design: Die Platzierung des CTA innerhalb des Werbemittels ist entscheidend. Er sollte gut sichtbar sein und sich harmonisch in das Design einfügen, ohne dabei übermäßig aufdringlich zu wirken. Eine auffällige Farbgebung oder ein klarer Button können dazu beitragen, die Aufmerksamkeit des Betrachters zu lenken.

Relevanz und Kontext: Der CTA sollte zum Inhalt der Anzeige oder des Inhalts passen, in dem er platziert ist. Er sollte im Einklang mit den Interessen und Bedürfnissen des Zielpublikums stehen und klar kommunizieren, was der Benutzer erwartet, wenn er auf den CTA klickt.

Testen und Optimieren: Es ist wichtig, verschiedene Varianten von CTAs zu testen, um herauszufinden, welche am besten funktionieren. A/B-Tests können dabei helfen, die Wirksamkeit von verschiedenen Formulierungen, Designs oder Platzierungen zu vergleichen und die Conversion-Rate zu maximieren.

Darüber hinaus sollten Copywriter auch die psychologischen Aspekte berücksichtigen, die die Wirksamkeit von CTAs beeinflussen können. Zum Beispiel kann der Einsatz von sozialen Beweisen, Knappheit oder Dringlichkeit dazu beitragen, die Conversion-Rate zu erhöhen, indem sie beim Benutzer ein Gefühl von Verlangen oder FOMO (Fear of Missing Out) erzeugen.

Insgesamt ist das Erstellen effektiver CTAs eine Kunst, die eine Kombination aus klarem Verständnis des Zielpublikums, kreativer Sprache, Designkenntnissen und kontinuierlicher Optimierung erfordert. Indem man diese Prinzipien befolgt und ständig daran arbeitet, die CTAs zu verbessern, können Copywriter dazu beitragen, das Engagement und die Konversionen für ihre Kunden signifikant zu steigern.

Positionierung und Design

Positionierung und Design sind zwei grundlegende Aspekte im Copywriting und in der Markenbildung, die Hand in Hand gehen, um eine Marke von der Masse abzuheben und eine starke Verbindung zu ihrem Zielpublikum aufzubauen. Diese Elemente sind nicht nur für den visuellen Eindruck wichtig, sondern auch für die Botschaft, die eine Marke vermitteln möchte. Im Folgenden werde ich detailliert auf die Bedeutung dieser Aspekte eingehen und erläutern, wie sie effektiv im Copywriting eingesetzt werden können.

Positionierung: Das Fundament der Markenidentität
Die Positionierung einer Marke definiert, wie sie sich gegenüber ihrer Konkurrenz abgrenzt und wie sie von der Zielgruppe wahrgenommen wird. Es ist der strategische Prozess, durch den eine einzigartige Stelle im Bewusstsein der Kunden geschaffen wird. Eine klare und konsistente Positionierung hilft dabei, die Kernbotschaft der Marke zu kommunizieren und eine emotionale Verbindung mit dem Publikum aufzubauen.

Schlüsselaspekte der Positionierung
Zielgruppenverständnis: Um effektiv zu positionieren, muss man tiefgreifende Einblicke in die Bedürfnisse, Wünsche und das Verhalten der Zielgruppe haben. Copywriting, das auf fundiertem Verständnis basiert, spricht Leser direkter und persönlicher an.

Differenzierung: Was macht Ihre Marke einzigartig? Die Antwort auf diese Frage sollte in jeder Kopie deutlich werden. Differenzierung kann durch Produktmerkmale, Kundenerfahrung, Preisgestaltung oder einfach durch die Art und Weise, wie die Marke kommuniziert, erfolgen.

Wertversprechen: Ein klares Wertversprechen kommuniziert den einzigartigen Nutzen, den Kunden durch die Wahl Ihrer Marke erhalten. Es ist der Kern jeder Botschaft und sollte prominent in allen Copywriting-Materialien hervorgehoben werden.

Design: Visuelle Sprache der Marke
Während Positionierung das konzeptionelle Fundament einer Marke bildet, bringt Design diese Konzepte visuell zum Ausdruck. Design umfasst nicht nur Logos, Farbschemata und Typografie, sondern auch die Art und Weise, wie Texte gestaltet und präsentiert werden. Gutes Design verstärkt die Markenbotschaft und macht sie ansprechender und einprägsamer.

Schlüsselelemente des Designs in Bezug auf Copywriting
Konsistenz: Designelemente sollten über alle Kanäle hinweg konsistent sein, um Markenerkennung zu fördern. Dies gilt auch für das Copywriting; der Ton, Stil und die Sprache sollten einheitlich sein und die Marke widerspiegeln.

Lesbarkeit: Design beeinflusst, wie leicht Texte zu lesen und zu verstehen sind. Die Wahl der Schriftart, die Textgröße und der Zeilenabstand sind entscheidend, um die Lesbarkeit zu optimieren und sicherzustellen, dass die Botschaft klar vermittelt wird.

Hierarchie: Visuelle Hierarchie lenkt die Aufmerksamkeit des Lesers auf die wichtigsten Informationen. Im Copywriting wird dies durch Überschriften, Zwischenüberschriften und Aufzählungszeichen erreicht, die zusammen mit grafischen Elementen arbeiten, um die Botschaft hervorzuheben.

Integration von Positionierung und Design im Copywriting

Die effektivste Kommunikation entsteht, wenn Positionierung und Design nahtlos integriert sind. Copywriting, das die Kernbotschaften der Marke klar und überzeugend vermittelt und durch durchdachtes Design unterstützt wird, kann eine kraftvolle emotionale Resonanz erzeugen. Um dies zu erreichen, müssen Copywriter und Designer eng zusammenarbeiten, um sicherzustellen, dass Text und visuelle Elemente ein kohärentes Ganzes bilden.

Zusammenfassend ist die Kombination aus starker Positionierung und durchdachtem Design im Copywriting entscheidend, um eine Marke effektiv zu präsentieren und eine dauerhafte Beziehung zum Zielpublikum aufzubauen.

Copywriting in der Praxis

Copywriting ist eine wesentliche Kompetenz im Marketing und der Werbung, die darauf abzielt, Texte so zu verfassen, dass sie eine bestimmte Zielgruppe ansprechen und zu einer bestimmten Handlung motivieren, sei es der Kauf eines Produkts, die Anmeldung zu einem Newsletter oder die Teilnahme an einem Event. In der Praxis umfasst Copywriting eine breite Palette von Aktivitäten, von der Erstellung überzeugender Produktbeschreibungen bis hin zur Entwicklung von Inhalten für Websites, Social Media, E-Mail-Kampagnen und mehr. Der Prozess des Copywritings ist sowohl eine Kunst als auch eine Wissenschaft, bei der es darauf ankommt, die richtige Balance zwischen kreativem Schreiben und psychologischen Techniken zu finden, um die gewünschten Ergebnisse zu erzielen.

Verständnis der Zielgruppe
Bevor ein Wort geschrieben wird, muss ein guter Copywriter die Zielgruppe verstehen. Dies beinhaltet die Erforschung ihrer Bedürfnisse, Wünsche, Schmerzpunkte und Sprache. Eine effektive Copy spricht die Zielgruppe auf einer persönlichen Ebene an und spiegelt ihre Erfahrungen und Ansichten wider. Dazu gehören auch demografische Merkmale wie Alter, Geschlecht, Bildungsniveau und Beruf, aber auch psychografische Merkmale wie Werte, Einstellungen und Interessen.

Die Kraft der Überschrift
In der Welt des Copywritings spielt die Überschrift eine entscheidende Rolle. Eine starke Überschrift fesselt die Aufmerksamkeit der Leser und motiviert sie dazu, weiterzulesen. Copywriter verwenden oft spezifische Techniken, um effektive Überschriften zu erstellen, darunter die Verwendung von Zahlen, Fragestellungen,

provokativen Aussagen oder direkten Nutzenversprechen. Die Überschrift sollte das Interesse wecken und gleichzeitig einen Hinweis auf den Inhalt des Textes geben.

Schreiben mit Zweck

Jeder Text, der im Rahmen des Copywritings erstellt wird, hat ein klares Ziel. Es ist wichtig, dass der Copywriter dieses Ziel von Anfang an definiert, sei es die Steigerung des Markenbewusstseins, die Generierung von Leads oder der direkte Verkauf. Der gesamte Text sollte auf dieses Ziel ausgerichtet sein, mit einem klaren Aufruf zum Handeln (Call-to-Action, CTA), der den Leser dazu auffordert, die gewünschte Aktion durchzuführen. Der CTA muss präzise, deutlich und überzeugend sein, um die Effektivität der Copy zu maximieren.

SEO und Copywriting

In der digitalen Welt ist die Suchmaschinenoptimierung (SEO) ein wesentlicher Bestandteil des Copywritings. SEO-Copywriting umfasst die Integration von Schlüsselwörtern und Phrasen, die potenzielle Kunden bei der Suche nach Produkten oder Dienstleistungen verwenden, in den Text. Dabei geht es nicht nur darum, diese Begriffe so oft wie möglich einzufügen, sondern sie auf natürliche und sinnvolle Weise zu integrieren, sodass der Text für Leser wertvoll und für Suchmaschinen optimiert ist.

Messung des Erfolgs

Ein effektives Copywriting ist messbar. Durch die Analyse von Daten wie Klickzahlen, Konversionsraten und Engagement können Copywriter die Wirksamkeit ihrer Texte beurteilen und gegebenenfalls Anpassungen vornehmen. A/B-Tests sind eine beliebte Methode, um unterschiedliche Versionen eines Textes zu testen und herauszufinden, welche Elemente am besten funktionieren.

Copywriting in der Praxis erfordert ein tiefes Verständnis der Zielgruppe, kreatives Geschick und eine klare Strategie. Indem man die Bedürfnisse und Wünsche der Zielgruppe berücksichtigt, effektive Überschriften erstellt, mit einem klaren Ziel schreibt, SEO-Prinzipien anwendet und den Erfolg misst, können Copywriter Texte erstellen, die nicht nur aufmerksam machen, sondern auch zum Handeln motivieren. Im Kern geht es beim Copywriting darum, Verbindungen aufzubauen und zu pflegen, indem man die richtigen Botschaften auf die richtige Weise kommuniziert.

SEO-Copywriting

SEO-Copywriting ist eine spezielle Schreibtechnik, die darauf abzielt, die Sichtbarkeit einer Website in Suchmaschinen zu erhöhen und gleichzeitig ansprechende, überzeugende Inhalte zu erstellen, die Leser zum Handeln anregen. Das Herzstück des SEO-Copywritings ist die geschickte Integration von Schlüsselwörtern und Phrasen, die potenzielle Kunden verwenden, um nach Produkten, Dienstleistungen oder Informationen online zu suchen. Doch es geht um weit mehr als nur das Einbetten von Keywords in Texte. SEO-Copywriting verbindet die Kunst des Schreibens mit der Wissenschaft der Suchmaschinenoptimierung, um Inhalte zu schaffen, die sowohl für Suchmaschinen als auch für menschliche Leser wertvoll sind.

Die Bedeutung von Keywords
Keywords und Phrasen sind das Fundament des SEO-Copywritings. Sie helfen Suchmaschinen zu verstehen, worum es auf einer Webseite geht, und spielen eine entscheidende Rolle dabei, ob eine Seite für relevante Suchanfragen hoch oder niedrig eingestuft wird. Eine gründliche Keyword-Recherche ist daher unerlässlich, um die Begriffe zu identifizieren, die Ihre Zielgruppe verwendet. Dabei geht es nicht nur darum, die am häufigsten gesuchten Keywords zu finden, sondern auch um die Erkennung von Long-Tail-Keywords, die spezifischer sind und oft eine höhere Konversionsrate aufweisen, weil sie die Suchintention besser erfassen.

Qualität und Relevanz des Inhalts
Die bloße Anhäufung von Keywords reicht nicht aus, um in den Suchergebnissen oben zu erscheinen. Suchmaschinen wie Google legen großen Wert auf die Qualität und Relevanz des Inhalts. SEO-Copywriting muss daher informativ, gut recherchiert und nützlich für

den Leser sein. Es geht darum, Antworten auf die Fragen zu geben, die Nutzer haben, und Lösungen für ihre Probleme zu bieten. Der Inhalt sollte so gestaltet sein, dass er Wert bietet und die Autorität der Website in ihrem Fachgebiet stärkt.

Benutzererfahrung und Lesbarkeit

Ein weiterer wichtiger Aspekt des SEO-Copywritings ist die Benutzererfahrung. Texte müssen nicht nur informativ, sondern auch leicht lesbar und ansprechend gestaltet sein. Dies beinhaltet den Einsatz von Überschriften, Absätzen, Aufzählungszeichen und Bildern, um den Text visuell aufzubrechen und die Lesbarkeit zu verbessern. Darüber hinaus ist es wichtig, einen natürlichen Fluss der Keywords zu gewährleisten, sodass der Text nicht überladen oder unnatürlich wirkt.

Call-to-Action

Effektives SEO-Copywriting beinhaltet immer einen klaren Call-to-Action (CTA). Egal ob es darum geht, ein Produkt zu kaufen, sich für einen Newsletter anzumelden oder Kontakt aufzunehmen – der CTA sollte deutlich machen, was der nächste Schritt für den Leser ist. Ein gut platzierter CTA kann die Konversionsrate erheblich steigern.

Messung und Anpassung

SEO-Copywriting ist kein einmaliger Vorgang, sondern ein kontinuierlicher Prozess der Optimierung. Es ist wichtig, die Leistung der Inhalte regelmäßig zu überwachen, um zu sehen, wie gut sie in Bezug auf Ranking, Traffic und Konversion abschneiden. Tools wie Google Analytics und Google Search Console bieten wertvolle Einblicke in die Performance der Inhalte. Basierend auf diesen Daten können Anpassungen vorgenommen werden, um die Sichtbarkeit und Wirksamkeit der Inhalte weiter zu verbessern.

Insgesamt ist SEO-Copywriting eine unverzichtbare Fähigkeit für jeden, der im digitalen Raum erfolgreich sein möchte. Es vereint strategische Keyword-Nutzung mit der Kunst des Überzeugens und Informierens, um Inhalte zu erstellen, die sowohl für Suchmaschinen als auch für Menschen optimiert sind. Die Balance zwischen diesen Elementen zu finden, ist der Schlüssel zu effektivem SEO-Copywriting.

Grundlagen der Suchmaschinenoptimierung

Suchmaschinenoptimierung, bekannt unter dem Akronym SEO (von englisch: Search Engine Optimization), bildet das Rückgrat digitalen Marketings und ist essentiell für den Erfolg jeder Webseite. SEO umfasst eine Reihe von Strategien, Techniken und Praktiken, die darauf abzielen, die Sichtbarkeit einer Website in den organischen Suchergebnissen von Suchmaschinen wie Google, Bing oder Yahoo zu verbessern. Ziel ist es, mehr qualitativen Traffic auf die eigene Seite zu leiten, indem man höher in den Suchergebnissen für relevante Schlüsselwörter und Phrasen platziert wird. In diesem umfassenden Überblick werden wir die Grundlagen der Suchmaschinenoptimierung detailliert beleuchten, einschließlich Schlüsselaspekten wie On-Page-SEO, Off-Page-SEO, technisches SEO und die Bedeutung von Inhalten.

On-Page-SEO
On-Page-SEO bezieht sich auf die Optimierung von Elementen auf einer Webseite, um das Ranking in den Suchergebnissen zu verbessern und relevanteren Traffic anzuziehen. Dazu gehören die Optimierung von Titel-Tags, Meta-Beschreibungen, Headings (Überschriften), URL-Struktur, und das Einbinden hochwertiger, relevanter Inhalte, die für die Zielgruppe von Wert sind. Schlüsselwörter spielen eine wesentliche Rolle; es ist wichtig, relevante Schlüsselwörter sorgfältig auszuwählen und sie auf natürliche Weise in den Text einzubinden, ohne dabei „Keyword-Stuffing" zu betreiben, also das übermäßige Verwenden von Schlüsselwörtern.

Off-Page-SEO

Während On-Page-SEO sich auf die Aspekte konzentriert, die direkt auf der Webseite zu optimieren sind, befasst sich Off-Page-SEO mit den Maßnahmen, die außerhalb der eigenen Webseite stattfinden. Dazu gehört in erster Linie der Aufbau und die Pflege von Backlinks, also Links von anderen Webseiten, die auf die eigene Seite verweisen. Diese Backlinks dienen als Empfehlungen oder Vertrauensvoten in den Augen der Suchmaschinen und können das Ranking signifikant beeinflussen. Neben Backlinks umfasst Off-Page-SEO auch soziale Signale, wie Shares, Likes und Follower auf sozialen Medien, und andere externe Faktoren, die das Ansehen und die Autorität einer Webseite stärken können.

Technisches SEO
Technisches SEO befasst sich mit der Optimierung der technischen Aspekte einer Webseite, um die Indexierung durch Suchmaschinen zu erleichtern und die Nutzererfahrung zu verbessern. Dazu zählen die Optimierung der Ladegeschwindigkeit der Webseite, die Implementierung von SSL/Zertifikaten zur Gewährleistung der Sicherheit, die Gestaltung einer responsiven Webseite, die auf allen Geräten gut aussieht und funktioniert, sowie die Optimierung der Website-Architektur für eine einfache Navigation und Crawlbarkeit durch Suchmaschinen-Bots. Sitemaps und die richtige Nutzung der robots.txt-Datei sind ebenfalls wichtige Bestandteile des technischen SEO.

Inhalte und Content-Marketing
In der Welt der Suchmaschinenoptimierung gilt oft der Grundsatz „Content is King". Hochwertige, relevante und regelmäßig aktualisierte Inhalte sind entscheidend, um bei Suchmaschinen gut zu ranken und die Zielgruppe anzuziehen. Content-Marketing spielt dabei eine wichtige Rolle: Es geht darum, Inhalte zu schaffen, die nicht nur für die Suchmaschinenoptimierung wertvoll sind,

sondern auch realen Wert für die Leser bieten. Das kann in Form von Blogbeiträgen, Infografiken, Videos, Podcasts und anderen Inhalten sein, die informieren, unterhalten oder lösen spezifische Probleme der Zielgruppe.

Die Grundlagen der Suchmaschinenoptimierung umfassen ein breites Spektrum an Techniken und Best Practices, die darauf abzielen, die Sichtbarkeit einer Webseite in den Suchergebnissen zu verbessern. On-Page-SEO, Off-Page-SEO, technisches SEO und ein starker Fokus auf qualitativ hochwertige Inhalte sind entscheidend für den Erfolg. SEO ist jedoch kein einmaliges Projekt, sondern ein fortlaufender Prozess der Anpassung und Optimierung, um mit den ständig wechselnden Algorithmen der Suchmaschinen und den sich ändernden Anforderungen der Nutzer Schritt zu halten. Durch die Implementierung effektiver SEO-Strategien können Webseitenbetreiber ihre Reichweite erweitern, ihre Markenpräsenz stärken und letztlich ihre Geschäftsziele erreichen.

Schreiben für Menschen und Maschinen

Das Schreiben für Menschen und Maschinen erfordert einen sorgfältigen Balanceakt. Während das menschliche Publikum nach ansprechendem, informativem und überzeugendem Inhalt sucht, benötigen Suchmaschinen klare, strukturierte und keyword-optimierte Texte, um die Relevanz und den Wert der Inhalte richtig einzuschätzen. Copywriting, das sowohl für Menschen als auch für Maschinen (insbesondere Suchmaschinen) optimiert ist, ist ein zentraler Aspekt der modernen digitalen Kommunikation.

Menschliches Publikum: Die Kunst der Verbindung
Das Schreiben für Menschen legt den Schwerpunkt auf Verständlichkeit, Engagement und Überzeugungskraft. Hier sind einige Kernpunkte, die beachtet werden sollten:

Emotionale Verbindung: Menschen fühlen sich zu Inhalten hingezogen, die sie emotional ansprechen. Dies kann durch Geschichtenerzählen (Storytelling), die Verwendung von Humor oder das Ansprechen gemeinsamer Erfahrungen erreicht werden.
Klarheit und Einfachheit: Komplexe Informationen sollten in leicht verständliche Sprache übersetzt werden. Dies hilft, eine breitere Zielgruppe zu erreichen und sorgt dafür, dass die Botschaft verstanden wird.
Zielgruppenverständnis: Ein tiefes Verständnis der Zielgruppe, einschließlich ihrer Bedürfnisse, Wünsche und Schmerzpunkte, ermöglicht es, maßgeschneiderte Inhalte zu erstellen, die resonieren und überzeugen.
Handlungsaufforderungen (CTAs): Effektive Copy muss zu einer Aktion anregen. Ob es sich um den Kauf eines Produkts, die Anmeldung zu einem Newsletter oder das Teilen von Inhalten in sozialen Netzwerken handelt, klare und überzeugende CTAs sind entscheidend.

Maschinen: Die Wissenschaft der Sichtbarkeit

Auf der anderen Seite erfordert das Schreiben für Maschinen technisches Wissen über Suchmaschinenoptimierung (SEO) und die Funktionsweise von Suchalgorithmen. Zu den Hauptüberlegungen gehören:

Keyword-Optimierung: Die Einbindung relevanter Keywords hilft Suchmaschinen, den Kontext und das Thema der Inhalte zu verstehen. Eine natürliche Integration dieser Keywords in Überschriften, Meta-Beschreibungen und im Haupttext ist für eine effektive SEO unerlässlich.

Strukturierte Daten: Die Verwendung von strukturierten Daten (wie Schema-Markup) hilft Suchmaschinen, die Inhalte einer Webseite besser zu katalogisieren und zu interpretieren. Dies kann die Sichtbarkeit in den Suchergebnissen verbessern.

Benutzererfahrung (UX): Suchmaschinen bewerten Webseiten auch nach der Benutzererfahrung. Schnelle Ladezeiten, mobile Optimierung und eine intuitive Benutzeroberfläche sind wichtige Faktoren.

Qualitätsinhalte: Suchmaschinen bevorzugen Inhalte, die umfassend, aktuell und von hoher Qualität sind. Inhalte sollten dem Leser einen Mehrwert bieten und präzise auf deren Informationsbedürfnisse eingehen.

Die Balance finden

Um erfolgreich für Menschen und Maschinen zu schreiben, müssen Copywriter eine Strategie verfolgen, die beide Aspekte integriert, ohne dabei Kompromisse bei der Qualität oder der Lesbarkeit einzugehen. Dies bedeutet oft, dass man mit kreativen Formulierungen arbeitet, die sowohl für Keywords optimiert sind als auch einen natürlichen, ansprechenden Stil beibehalten. Tools und Plattformen für SEO-Analyse können dabei helfen, die richtigen Keywords zu identifizieren und den Erfolg der Inhalte zu messen.

Letztendlich ist das Ziel, Inhalte zu erstellen, die nicht nur in den Suchmaschinen gut ranken, sondern auch das Publikum fesseln, informieren und zum Handeln bewegen. Die besten Copywriting-Praktiken für Menschen und Maschinen zu vereinen, ist eine fortlaufende Herausforderung, die Anpassungsfähigkeit, fortlaufendes Lernen und Experimentieren erfordert.

E-Mail-Marketing

E-Mail-Marketing ist eine der ältesten, aber immer noch effektivsten Methoden des digitalen Marketings. Es bietet Unternehmen eine direkte und persönliche Kommunikationslinie zu ihren Kunden und potenziellen Kunden. In einer Welt, die zunehmend von sozialen Medien und anderen flüchtigen Kommunikationsformen dominiert wird, bietet E-Mail-Marketing eine einzigartige Möglichkeit, dauerhafte Beziehungen aufzubauen und zu pflegen. Dieser Artikel taucht tief in die Welt des E-Mail-Marketings ein, indem er seine Grundlagen, Vorteile, Strategien und besten Praktiken untersucht.

Grundlagen des E-Mail-Marketings
E-Mail-Marketing umfasst das Senden von E-Mails an eine Liste von Abonnenten, die zugestimmt haben, Nachrichten von einem Unternehmen zu erhalten. Diese E-Mails können verschiedene Formen annehmen, darunter Werbe-E-Mails, Newsletter, Einladungen zu Veranstaltungen und persönliche Nachrichten. Der Schlüssel zum Erfolg im E-Mail-Marketing liegt darin, relevante und wertvolle Inhalte zu liefern, die den Empfänger zum Handeln anregen.

Vorteile des E-Mail-Marketings
Hohe ROI: E-Mail-Marketing bietet einen beeindruckenden Return on Investment (ROI). Laut dem Direct Marketing Association kann E-Mail-Marketing einen ROI von bis zu 4300 Prozent erzielen.

Messbarkeit: Mit E-Mail-Marketing-Tools können Unternehmen wichtige Metriken wie Öffnungsraten, Klickraten und Konversionsraten verfolgen. Diese Daten sind entscheidend für die Optimierung von Kampagnen und die Steigerung der Effektivität.

Personalisierung: E-Mail ermöglicht eine hochgradige Personalisierung. Von der Anrede mit dem Namen des Empfängers bis hin zur Segmentierung der Liste nach Interessen oder Kaufverhalten, Personalisierung kann die Engagement-Raten signifikant erhöhen.

Direkte Kommunikation: E-Mail ermöglicht eine direkte und persönliche Kommunikation mit dem Empfänger, was in anderen Marketingkanälen schwer zu erreichen ist.

E-Mail-Marketing-Strategien
Segmentierung: Die Aufteilung Ihrer E-Mail-Liste in spezifische Zielgruppen kann die Relevanz Ihrer Nachrichten erhöhen und zu höheren Engagement-Raten führen.

Automatisierung: E-Mail-Automatisierung ermöglicht es Unternehmen, personalisierte Nachrichten an Kunden zu senden, basierend auf bestimmten Auslösern oder Verhaltensweisen, wie z.B. dem Kauf eines Produkts oder dem Geburtstag des Kunden.

A/B-Testing: Das Testen verschiedener Aspekte Ihrer E-Mails, wie Betreffzeilen, Call-to-Actions (CTAs) oder Design-Elemente, kann Ihnen helfen, zu verstehen, was bei Ihrem Publikum am besten ankommt.

Wertorientierter Inhalt: Stellen Sie sicher, dass Ihre E-Mails Mehrwert bieten. Dies kann in Form von exklusiven Angeboten, nützlichen Informationen oder Einblicken in Ihr Unternehmen sein.

Beste Praktiken im E-Mail-Marketing
Einhaltung der Datenschutzgesetze: Achten Sie darauf, die Datenschutzgesetze wie die DSGVO in der EU einzuhalten. Dies beinhaltet, dass Sie die Zustimmung Ihrer Abonnenten einholen und ihnen eine einfache Möglichkeit bieten, sich abzumelden.

Mobile Optimierung: Mit der Zunahme des mobilen E-Mail-Zugriffs ist es entscheidend, dass Ihre E-Mails auf mobilen Geräten gut aussehen und funktionieren.

Klare CTAs: Jede E-Mail sollte einen klaren und eindeutigen Call-to-Action enthalten, der den Empfänger dazu anregt, die gewünschte Aktion zu unternehmen.

Regelmäßigkeit: Die Aufrechterhaltung eines regelmäßigen Versandplans hilft dabei, bei Ihren Abonnenten präsent zu bleiben, ohne sie zu überfluten.

E-Mail-Marketing bleibt ein mächtiges Werkzeug im Arsenal des digitalen Marketings. Durch die Kombination von strategischer Planung, kreativen Inhalten und datengesteuerter Optimierung können Unternehmen ihre Botschaft effektiv verbreiten, Kundenbeziehungen vertiefen und letztendlich ihren Umsatz steigern.

Aufbau wirksamer E-Mail-Kampagnen

Der Aufbau wirksamer E-Mail-Kampagnen ist eine Kunst und Wissenschaft zugleich, die sorgfältige Planung, strategische Überlegungen und kreatives Geschick erfordert. Im Kern geht es darum, mit deinen Abonnenten durch sinnvolle und ansprechende Inhalte zu kommunizieren, die sowohl informieren als auch zum Handeln anregen. Hier sind wesentliche Aspekte, die du bei der Entwicklung wirksamer E-Mail-Kampagnen berücksichtigen solltest:

1. Zielsetzung und Strategie
Bevor du mit dem Erstellen von E-Mails beginnst, musst du ein klares Verständnis deiner Ziele haben. Was möchtest du mit deinen E-Mail-Kampagnen erreichen? Mögliche Ziele könnten die Steigerung des Bekanntheitsgrades, die Förderung des Engagements, der Verkauf eines Produkts oder die Stärkung der Kundenbindung sein. Sobald du deine Ziele festgelegt hast, entwickle eine Strategie, die definiert, wie du diese Ziele erreichen kannst. Dies umfasst die Segmentierung deiner Zielgruppe, die Planung der Inhalte und die Festlegung der Häufigkeit deiner E-Mails.

2. Zielgruppensegmentierung
Eine erfolgreiche E-Mail-Kampagne spricht die Empfänger auf einer persönlichen Ebene an. Um dies zu erreichen, ist es entscheidend, deine Abonnentenliste in spezifische Segmente zu unterteilen, basierend auf Kriterien wie Demografie, Verhalten oder Kaufhistorie. Durch die Segmentierung kannst du maßgeschneiderte Inhalte erstellen, die für jedes Segment relevant sind, und dadurch die Engagement-Raten und die Konversionsraten erhöhen.

3. Überzeugende Betreffzeilen

Die Betreffzeile ist oft der entscheidende Faktor dafür, ob eine E-Mail geöffnet wird oder nicht. Sie sollte prägnant, klar und ansprechend sein und dem Leser einen konkreten Anreiz oder Nutzen bieten, die E-Mail zu öffnen. Verwende A/B-Tests, um verschiedene Betreffzeilen zu testen und herauszufinden, welche bei deiner Zielgruppe am besten ankommen.

4. Wertorientierter Inhalt

Der Inhalt deiner E-Mail sollte für deine Abonnenten wertvoll sein. Dies kann informative Artikel, exklusive Angebote, hilfreiche Tipps oder persönliche Geschichten umfassen, die deine Marke authentisch und ansprechend machen. Achte darauf, dass der Inhalt gut strukturiert und leicht zu lesen ist, mit klaren Call-to-Actions (CTAs), die den Leser dazu anregen, die gewünschte Aktion zu unternehmen.

5. Visuelle Gestaltung

Das visuelle Design deiner E-Mail spielt eine wichtige Rolle bei der Förderung des Engagements. Verwende ansprechende Bilder, Videos oder GIFs, um deine Botschaft zu verstärken und die Lesbarkeit zu verbessern. Achte darauf, dass das Design responsive ist, damit es auf allen Geräten gut aussieht.

6. Personalisierung

Personalisierte E-Mails erzeugen eine stärkere Resonanz. Verwende den Namen des Empfängers, personalisierte Produktempfehlungen oder Inhalte, die auf dem Verhalten oder den Interessen des Nutzers basieren, um eine persönliche Verbindung aufzubauen und die Relevanz deiner Nachrichten zu erhöhen.

7. Messung und Optimierung

Der Erfolg deiner E-Mail-Kampagnen hängt von kontinuierlicher Messung und Optimierung ab. Verfolge Kennzahlen wie Öffnungsrate, Klickrate, Konversionsrate und Abmelderate, um Einblicke in die Leistung deiner Kampagnen zu erhalten. Nutze diese Daten, um deine Strategie anzupassen und die Effektivität deiner E-Mails kontinuierlich zu verbessern.

Der Aufbau wirksamer E-Mail-Kampagnen erfordert eine durchdachte Strategie, die sich auf die Zielsetzung, Zielgruppensegmentierung, überzeugende Betreffzeilen, wertorientierten Inhalt, visuelle Gestaltung, Personalisierung und kontinuierliche Optimierung stützt. Mit dem richtigen Ansatz kannst du starke Beziehungen zu deinen Abonnenten aufbauen, die Markenloyalität fördern und letztendlich deine Geschäftsziele erreichen.

Personalisierung und Automatisierung

Personalisierung und Automatisierung sind zwei wesentliche Aspekte im modernen Copywriting und Marketing, die entscheidend dazu beitragen können, die Effektivität der Kundenkommunikation zu steigern. Diese beiden Konzepte gehen Hand in Hand, um Marketingstrategien effizienter und zielgerichteter zu machen, indem sie es Unternehmen ermöglichen, individuell zugeschnittene Inhalte zu erstellen und diese automatisch an die entsprechenden Zielgruppen zu versenden. Im Folgenden werde ich ausführlich auf beide Aspekte eingehen und erörtern, wie sie das Copywriting und das Marketing insgesamt beeinflussen.

Personalisierung
Die Personalisierung im Marketing und Copywriting bedeutet, die Kommunikation und Angebote auf die individuellen Bedürfnisse, Vorlieben und Interessen der Zielgruppe abzustimmen. Dies kann von der einfachen Ansprache mit dem Namen des Empfängers in E-Mails bis hin zu komplett maßgeschneiderten Inhalten reichen, die auf dem bisherigen Verhalten und den Interaktionen des Nutzers basieren.

Vorteile der Personalisierung:

Erhöhte Kundenbindung: Indem man Kunden direkt anspricht und Inhalte anbietet, die ihren Interessen entsprechen, fühlen sich diese verstanden und wertgeschätzt. Das stärkt die Kundenbindung.
Gesteigerte Konversionsraten: Personalisierte Ansprachen haben oft eine höhere Wahrscheinlichkeit, die Aufmerksamkeit der Empfänger zu gewinnen und sie zur gewünschten Aktion zu bewegen.

Besseres Kundenerlebnis: Durch die Bereitstellung relevanter Informationen und Angebote, die auf die individuellen Bedürfnisse zugeschnitten sind, verbessert sich das Gesamterlebnis für den Kunden.
Herausforderungen der Personalisierung:

Datenschutz und Datensicherheit: Die Sammlung und Analyse von Kundendaten muss sorgfältig gehandhabt werden, um Datenschutzbestimmungen zu erfüllen und das Vertrauen der Kunden nicht zu gefährden.
Ressourcenaufwand: Die Erstellung personalisierter Inhalte kann zeit- und arbeitsintensiv sein, insbesondere ohne den Einsatz von Automatisierungstools.
Automatisierung
Die Automatisierung im Marketing ermöglicht es, wiederkehrende Aufgaben zu automatisieren und effiziente Prozesse für die Erstellung und Aussendung von Marketingmaterialien zu entwickeln. Dies schließt die Nutzung von Software ein, die auf Basis von vordefinierten Kriterien selbstständig personalisierte Inhalte an die jeweiligen Empfänger verteilt.

Vorteile der Automatisierung:

- Effizienzsteigerung: Automatisierung spart Zeit und Ressourcen, indem sie manuelle Prozesse minimiert und ermöglicht es Marketern, sich auf strategischere Aufgaben zu konzentrieren.
- Skalierbarkeit: Mit Automatisierungstools können Kampagnen leicht skaliert werden, um eine größere Anzahl von Empfängern ohne zusätzlichen Aufwand zu erreichen.
- Konsistenz: Die Automatisierung hilft dabei, eine konsistente Kommunikation über verschiedene Kanäle hinweg zu gewährleisten, was zur Markenkohärenz beiträgt.

Herausforderungen der Automatisierung:

- Verlust der Personalisierung: Ohne sorgfältige Planung kann eine zu starke Automatisierung dazu führen, dass die Kommunikation unpersönlich und irrelevant wird.
- Komplexität der Tools: Die Einarbeitung in Automatisierungssoftware kann komplex sein und erfordert ein gewisses Maß an technischem Verständnis.

Integration von Personalisierung und Automatisierung

Die größte Herausforderung, aber auch Chance, liegt in der Integration von Personalisierung und Automatisierung. Indem man datengetriebene Einblicke nutzt, um personalisierte Inhalte automatisch zu erstellen und zu versenden, können Unternehmen die Vorteile beider Ansätze maximieren. Tools für das Marketing Automation ermöglichen es, Nutzerverhalten zu analysieren und darauf basierend individuell angepasste Nachrichten zu generieren, die zu optimalen Zeiten versendet werden.

Schlüsselaspekte für eine erfolgreiche Integration:

- Klare Zieldefinition: Verstehen, was man mit der Personalisierung und Automatisierung erreichen möchte, hilft, die richtigen Strategien und Tools auszuwählen.
- Datenqualität: Eine solide Datenbasis ist entscheidend für effektive Personalisierung und Automatisierung. Dies erfordert die kontinuierliche Sammlung und Analyse von Daten.
- Technologieauswahl: Die Auswahl der richtigen Technologie, die sowohl leistungsstarke Automatisierungsfunktionen als auch die

Flexibilität für personalisierte Inhalte bietet, ist entscheidend.

Insgesamt können Personalisierung und Automatisierung, wenn sie sinnvoll eingesetzt und miteinander verknüpft werden, das Marketing revolutionieren. Sie ermöglichen es Unternehmen, relevante, ansprechende und zeitnahe Kommunikation zu liefern, die den Kundenerwartungen entspricht und gleichzeitig die Effizienz interner Prozesse verbessert. Die Zukunft des Marketings liegt in der intelligenten Verbindung dieser beiden Kräfte, um einzigartige Kundenerlebnisse zu schaffen, die sowohl die Kundenbindung als auch die Konversionsraten erhöhen.

Social Media Copywriting

Social Media Copywriting ist eine facettenreiche Disziplin, die sich mit der Kunst und Wissenschaft des Schreibens für soziale Netzwerke beschäftigt. In einer Welt, in der die Aufmerksamkeitsspanne der Nutzer immer kürzer wird und die Konkurrenz um diese Aufmerksamkeit stetig zunimmt, spielt effektives Copywriting eine entscheidende Rolle für den Erfolg in den sozialen Medien. Dieser umfassende Überblick beleuchtet verschiedene Aspekte des Social Media Copywritings, von grundlegenden Prinzipien bis hin zu fortgeschrittenen Techniken, und gibt praktische Tipps für die Erstellung von Texten, die auffallen und überzeugen.

Grundlagen des Social Media Copywritings
Zunächst ist es wichtig zu verstehen, dass Copywriting für soziale Medien sich von anderen Formen des Schreibens unterscheidet. Die Inhalte müssen kurz, prägnant und sofort ansprechend sein. Dabei geht es nicht nur darum, Informationen zu vermitteln, sondern auch Emotionen zu wecken und zur Interaktion anzuregen.

Zielgruppenverständnis: Erfolgreiches Copywriting beginnt mit einem tiefen Verständnis der Zielgruppe. Kenntnisse über Interessen, Bedürfnisse, Sprachgebrauch und Verhaltensweisen der Zielgruppe sind essentiell, um resonante Botschaften zu kreieren.

Klarheit und Kürze: Angesichts der begrenzten Aufmerksamkeitsspanne der Nutzer ist es entscheidend, Botschaften klar und präzise zu formulieren. Jedes Wort muss einen Zweck erfüllen und zum Gesamtziel des Posts beitragen.

Ton und Stimme: Die Tonart und Stimme der Inhalte sollten nicht nur zur Marke passen, sondern auch zum Medium und Kontext der jeweiligen Plattform. Die Art und Weise, wie eine Botschaft auf Instagram vermittelt wird, kann sich von der auf LinkedIn erforderlichen erheblich unterscheiden.

Strategien und Techniken
Erfolgreiches Social Media Copywriting erfordert den Einsatz spezifischer Strategien und Techniken, die darauf abzielen, Engagement und Reaktionen zu fördern.

Storytelling: Geschichten erzeugen Emotionen und bauen eine Verbindung zum Publikum auf. Durch das Erzählen relevanter Geschichten können Marken ihre Botschaften auf eine Weise vermitteln, die das Publikum anspricht und zum Handeln motiviert.

Hashtags und Aufrufe zum Handeln (CTAs): Hashtags helfen, Inhalte auffindbar zu machen, während klare CTAs das Publikum dazu anleiten, die gewünschte Aktion zu unternehmen, sei es ein Kommentar, ein Like oder ein Teilen.

Anpassung an Plattformen: Jede Social-Media-Plattform hat ihre eigenen Besonderheiten. Ein effektives Copywriting passt den Inhalt und die Ansprache an die jeweilige Plattform und deren Publikum an.

Best Practices und häufige Fehler
Ein gutes Social Media Copywriting folgt bewährten Methoden und vermeidet typische Fehler, die die Effektivität der Botschaft beeinträchtigen können.

Interaktion fördern: Fragen stellen, Umfragen durchführen und zur Diskussion anregen sind effektive

Wege, um Interaktionen zu erhöhen und eine Community aufzubauen.

Überladung vermeiden: Zu viele Informationen, Hashtags oder Aufrufe zum Handeln in einem einzigen Beitrag können überwältigend wirken und die Kernbotschaft verdünnen.

Authentizität bewahren: In einer Zeit, in der Nutzer Werbung gegenüber zunehmend skeptisch sind, ist Authentizität entscheidend. Copy, das ehrlich und transparent ist, resoniert besser mit dem Publikum.

Social Media Copywriting ist ein dynamisches Feld, das ständige Anpassung und Lernen erfordert. Durch die Kombination von Kreativität mit strategischem Denken können Marken und Einzelpersonen Inhalte erstellen, die nicht nur die Aufmerksamkeit ihres Publikums fangen, sondern diese auch in bedeutungsvolle Aktionen umwandeln. Die kontinuierliche Analyse der Ergebnisse und das Experimentieren mit neuen Ansätzen sind entscheidend, um in der sich ständig verändernden Landschaft der sozialen Medien erfolgreich zu sein.

Anpassung an verschiedene Plattformen

Die Anpassung von Copywriting-Inhalten an verschiedene Plattformen ist ein entscheidender Aspekt der modernen Kommunikationsstrategie. Sie ermöglicht es Marken, Botschaften effektiv zu übermitteln, die Zielgruppe auf jeder Plattform spezifisch anzusprechen und letztendlich die Gesamtperformance ihrer Marketingkampagnen zu steigern. In diesem umfassenden Überblick werden wir uns damit befassen, wie man Inhalte erfolgreich an verschiedene Kanäle anpasst, einschließlich sozialer Medien, E-Mail-Marketing, Websites und Blogs.

Verständnis der Plattform-Dynamik
Jede Plattform hat ihre eigene Benutzerdemografie, Verhaltensweisen und Erwartungen. Zum Beispiel neigt Instagram zu einem visuell orientierten Publikum, das kurze, auffällige Inhalte bevorzugt, während LinkedIn ein professionelleres Publikum anspricht, das ausführlichere, informationsreiche Inhalte schätzt.

Soziale Medien: Hier ist Kreativität entscheidend. Inhalte sollten aufmerksamkeitsstark, schnell konsumierbar und teilbar sein. Hashtags und Trendthemen können die Sichtbarkeit erhöhen.

E-Mail-Marketing: Personalisierung und Relevanz sind Schlüssel zum Erfolg. Die Betreffzeile muss überzeugend sein, um hohe Öffnungsraten zu gewährleisten. Der Inhalt sollte direkt auf den Leser zugeschnitten sein, mit klaren Call-to-Actions (CTAs).

Websites: SEO-Optimierung ist entscheidend. Inhalte sollten nicht nur für Leser ansprechend sein, sondern auch Suchmaschinen ansprechen, um die Sichtbarkeit zu erhöhen. Die Benutzererfahrung (UX) muss nahtlos sein.

Blogs: Blogs bieten eine Plattform für ausführlichere Inhalte. Sie sind ideal, um Autorität in einem Fachgebiet aufzubauen, die SEO zu verbessern und einen detaillierteren Einblick in Themen zu bieten.

Anpassung der Tonlage und Sprache
Die Tonlage und der Stil der Kommunikation müssen der Plattform und dem Publikum angepasst werden. Während eine informelle, humorvolle Sprache auf Instagram funktionieren kann, erfordert LinkedIn einen professionelleren Ton. Die Anpassung der Sprache ist nicht nur ein Zeichen von Respekt gegenüber dem Publikum, sondern steigert auch die Effektivität der Botschaft.

Visuelle Anpassung
Visuelle Inhalte müssen ebenfalls an die Plattform angepasst werden. Instagram und Pinterest verlangen hochwertige, ästhetische Bilder, während Videos auf YouTube oder TikTok von Natur aus anders gestaltet sind. Die Größe und das Format der visuellen Inhalte sind ebenfalls zu berücksichtigen, um sicherzustellen, dass sie auf der Plattform optimal dargestellt werden.

Interaktionsstrategien
Die Art und Weise, wie Marken auf Interaktionen reagieren (z.B. Kommentare, Fragen, Shares), sollte ebenfalls plattformspezifisch sein. Die Erwartungen an die Reaktionszeit und den Stil des Engagements können variieren. Ein proaktiver, engagierter Ansatz kann die Markenloyalität stärken.

Messung und Anpassung

Die Effektivität der Inhaltsanpassung sollte regelmäßig überwacht und analysiert werden. Die Verwendung von Plattform-Analytics ermöglicht es, zu verstehen, was funktioniert und was verbessert werden muss. Diese Daten können dann genutzt werden, um Strategien anzupassen und zu optimieren.

Die Anpassung von Copywriting an verschiedene Plattformen ist eine Kunst und Wissenschaft zugleich. Es erfordert ein tiefes Verständnis der einzelnen Plattformen, ihrer Benutzer und der besten Praktiken für die Erstellung und Verteilung von Inhalten. Durch die Berücksichtigung der spezifischen Eigenschaften jeder Plattform können Marken ihre Zielgruppen effektiver erreichen und ein kohärentes, ansprechendes Markenerlebnis über alle Kanäle hinweg schaffen. Die ständige Anpassung und Optimierung basierend auf Leistungsdaten sichert den langfristigen Erfolg in der sich schnell verändernden digitalen Landschaft.

Erzeugung von Engagement und Shares

Engagement und Shares sind zwei Schlüsselfaktoren im digitalen Marketing, die maßgeblich über den Erfolg von Content im Internet entscheiden. In der Welt des Copywritings spielen sie eine entscheidende Rolle, da sie nicht nur die Reichweite und Sichtbarkeit von Inhalten erhöhen, sondern auch die Markenbindung und das Kundenvertrauen stärken können. Um Engagement und Shares zu generieren, ist ein tiefes Verständnis dafür erforderlich, wie Inhalte konzipiert, gestaltet und verbreitet werden sollten, um die Zielgruppe effektiv zu erreichen und zu aktivieren.

1. Kenne deine Zielgruppe
Der erste Schritt, um Engagement und Shares zu erzeugen, besteht darin, die Zielgruppe genau zu kennen und zu verstehen. Dies beinhaltet eine tiefgehende Analyse ihrer Bedürfnisse, Interessen, Vorlieben, Verhaltensweisen und Probleme. Ein effektives Copywriting spricht die Sprache der Zielgruppe und adressiert ihre spezifischen Anliegen auf eine Weise, die Resonanz findet und zum Handeln anregt.

2. Schaffe wertvollen und relevanten Content
Um die Zielgruppe zu engagieren und zur Weitergabe von Inhalten zu motivieren, muss der Content einen echten Wert bieten. Dies kann durch informative, unterhaltsame, inspirierende oder lehrreiche Inhalte erreicht werden. Der Schlüssel liegt darin, den Nutzern etwas zu bieten, das sie nicht nur selbst schätzen, sondern das sie auch gerne mit ihrem Netzwerk teilen möchten. Relevanz ist dabei entscheidend; der Content sollte aktuell sein und die Interessen oder Bedürfnisse der Zielgruppe widerspiegeln.

3. Verwende ansprechende Formate und visuelle Elemente

Visuelle Elemente wie Bilder, Videos und Infografiken können die Attraktivität von Content erheblich steigern und sind oft entscheidend für die Erzeugung von Engagement und Shares. Ein ansprechend gestalteter Beitrag, der visuell überzeugt, wird eher wahrgenommen und geteilt. Dabei ist es wichtig, dass die visuellen Elemente professionell aussehen und den inhaltlichen Kernpunkt effektiv kommunizieren.

4. Erzähle Geschichten

Storytelling ist eine mächtige Technik im Copywriting, um emotionale Verbindungen aufzubauen und Engagement zu fördern. Geschichten, die authentisch sind und eine emotionale Reaktion hervorrufen, haben eine höhere Wahrscheinlichkeit, geteilt zu werden. Sie erlauben es dem Publikum, sich mit dem Content auf einer persönlichen Ebene zu identifizieren und fördern das Gefühl einer gemeinsamen Erfahrung oder eines gemeinsamen Werts.

5. Integriere klare Call-to-Actions

Um Leser nicht nur zu engagieren, sondern sie auch dazu zu bewegen, Inhalte zu teilen, sollten klare und überzeugende Call-to-Actions (CTAs) integriert werden. Diese Handlungsaufforderungen sollten spezifisch, auffällig und leicht verständlich sein, sodass die Leser genau wissen, was von ihnen erwartet wird und wie sie mit dem Content interagieren können.

6. Nutze soziale Beweise und Influencer

Soziale Beweise, wie Testimonials, Kundenbewertungen oder Fallstudien, sowie die Zusammenarbeit mit Influencern können die Glaubwürdigkeit und Attraktivität von Content erhöhen. Wenn Nutzer sehen, dass andere Personen oder Meinungsführer einen Beitrag wertschätzen oder teilen, steigt die Wahrscheinlichkeit, dass sie es auch tun.

7. Optimiere für soziale Medien
Die Optimierung von Content für soziale Medien, einschließlich der Verwendung von relevanten Hashtags, der Anpassung an die jeweiligen Plattformformate und der Interaktion mit der Community, ist entscheidend, um Engagement und Shares zu maximieren. Eine aktive Präsenz auf sozialen Medien und das Eingehen auf Kommentare und Feedback fördern zudem eine positive Community-Atmosphäre, die zur weiteren Verbreitung von Inhalten beiträgt.

Die Erzeugung von Engagement und Shares erfordert eine Kombination aus tiefem Verständnis der Zielgruppe, der Schaffung wertvollen und relevanten Contents, der Nutzung ansprechender Formate und der effektiven Kommunikation von Geschichten. Durch die Integration klarer Call-to-Actions, die Nutzung sozialer Beweise und die Optimierung für soziale Medien kann Content kreiert werden, der nicht nur Aufmerksamkeit erregt, sondern auch zur Weitergabe anregt, wodurch die Reichweite und der Einfluss einer Marke oder Botschaft signifikant erhöht werden können.

Content-Marketing

Content-Marketing ist eine strategische Marketing-Form, die auf die Erstellung und Verteilung von wertvollem, relevantem und konsistentem Content abzielt, um eine definierte Zielgruppe anzuziehen und zu binden – mit dem letztendlichen Ziel, profitable Kundenaktionen zu fördern. Im Kern geht es beim Content-Marketing nicht darum, Ihre Produkte oder Dienstleistungen zu verkaufen, sondern darum, Ihren potenziellen Kunden Informationen und Werte zu bieten, die ihnen helfen, ihre Probleme zu lösen oder ihre Bedürfnisse zu befriedigen. Dieser Ansatz steht im Gegensatz zu traditionelleren Werbeformen, die direkt auf den Verkauf abzielen.

Die Bedeutung von Content-Marketing
In der digitalen Ära, in der wir leben, sind Informationen leicht zugänglich und Konsumenten sind informierter denn je. Das bedeutet, dass herkömmliche Werbemethoden, die auf Unterbrechung und Hard Selling basieren, oft weniger effektiv sind. Content-Marketing bietet eine Alternative, indem es Beziehungen aufbaut und Vertrauen schafft, was letztendlich zu einer höheren Kundenbindung und Loyalität führt.

Ein gut durchdachtes Content-Marketing-Programm kann verschiedene Vorteile bieten:

Erhöhung der Sichtbarkeit: Durch das Teilen von qualitativ hochwertigem Content auf verschiedenen Plattformen können Unternehmen ihre Online-Präsenz verstärken.
Aufbau von Vertrauen und Glaubwürdigkeit: Indem Unternehmen wertvollen Content bereitstellen, der die Fragen und Bedürfnisse ihrer Zielgruppe anspricht, bauen sie Vertrauen und Glaubwürdigkeit auf.

Verbesserung der Markenreputation: Wenn Ihr Content die Erwartungen der Zielgruppe übertrifft, verbessert dies das Ansehen Ihrer Marke.

Unterstützung des SEO (Suchmaschinenoptimierung): Hochwertiger Content verbessert Ihre Chancen, in Suchmaschinenergebnissen höher zu ranken, was zu mehr organischem Traffic führt.

Generierung von Leads: Durch die Bereitstellung von wertvollen Informationen kann Content-Marketing dazu beitragen, potenzielle Kunden zu gewinnen und sie dazu zu ermutigen, ihre Kontaktdaten zu hinterlassen.

Elemente erfolgreichen Content-Marketings

Um erfolgreich zu sein, muss Content-Marketing auf soliden Prinzipien basieren:

Zielgruppenverständnis: Ein tiefes Verständnis Ihrer Zielgruppe ist entscheidend, um relevanten und ansprechenden Content zu erstellen.

Qualität vor Quantität: Der Content sollte informativ, gut recherchiert und professionell präsentiert sein. Die Qualität des Contents ist wichtiger als die Menge.

Konsistenz: Regelmäßigkeit in der Veröffentlichung von Content hilft dabei, ein Publikum aufzubauen und zu halten.

Diversifikation: Der Einsatz verschiedener Content-Formate (Blogbeiträge, Videos, Infografiken, Podcasts usw.) kann helfen, ein breiteres Publikum zu erreichen.

SEO-Optimierung: Die Optimierung Ihres Contents für Suchmaschinen ist entscheidend, um seine Sichtbarkeit zu erhöhen.

Messung und Analyse: Um den Erfolg Ihres Content-Marketings zu bewerten und zu verbessern, ist es wichtig, Leistungsindikatoren zu messen und zu analysieren.

Herausforderungen und Best Practices

Obwohl Content-Marketing viele Vorteile bietet, gibt es auch Herausforderungen. Dazu gehören die Erstellung von Content, der sowohl einzigartig als auch ansprechend ist, die Sicherstellung, dass dieser Content ein breites Publikum erreicht, und die Messung des ROI (Return on Investment). Best Practices umfassen die Entwicklung einer klaren Strategie, die Festlegung spezifischer Ziele, das kontinuierliche Experimentieren mit verschiedenen Content-Formaten und Vertriebskanälen sowie das Engagement für Langfristigkeit und Geduld.

Zusammenfassend ist Content-Marketing eine mächtige Strategie, die, wenn sie richtig ausgeführt wird, Unternehmen dabei helfen kann, ihre Markenpräsenz zu verstärken, Vertrauen bei ihrer Zielgruppe aufzubauen und letztlich ihre Geschäftsziele zu erreichen. Es erfordert jedoch Engagement, Ressourcen und eine strategische Planung, um die besten Ergebnisse zu erzielen.

Erstellung von Inhalten, die verkaufen

Die Erstellung von Inhalten, die verkaufen, ist eine Kunstform, die tiefes Verständnis für die Zielgruppe, ausgezeichnete Schreibfähigkeiten und eine starke strategische Ausrichtung erfordert. Copywriting, das darauf abzielt, den Verkauf zu fördern, unterscheidet sich wesentlich von anderen Arten des Schreibens, da es speziell darauf ausgerichtet ist, den Leser zu einer bestimmten Handlung zu bewegen – sei es der Kauf eines Produktes, die Anmeldung für einen Newsletter oder die Teilnahme an einem Webinar. Im Folgenden werden Schlüsselstrategien und -techniken diskutiert, die erforderlich sind, um hochwirksame verkaufsfördernde Inhalte zu erstellen.

1. Verstehen der Zielgruppe
Bevor Sie auch nur ein Wort schreiben, müssen Sie genau verstehen, wer Ihre Zielgruppe ist. Dies beinhaltet eine tiefe Kenntnis ihrer Bedürfnisse, Wünsche, Schmerzpunkte und Verhaltensweisen. Persona-Profile können dabei helfen, ein detailliertes Bild Ihrer idealen Kunden zu erstellen. Indem Sie verstehen, was Ihre Zielgruppe motiviert, können Sie Inhalte erstellen, die resonieren und überzeugen.

2. Klare Wertversprechen
Ein effektives Copywriting kommuniziert klar und deutlich den Wert, den Ihr Produkt oder Ihre Dienstleistung bietet. Dies bedeutet, dass Sie genau artikulieren müssen, wie Ihr Angebot das Leben Ihrer Zielgruppe verbessern kann. Ein starkes Wertversprechen hebt sich von der Konkurrenz ab und spricht direkt die Bedürfnisse und Wünsche der Zielgruppe an.

3. Emotionale Verbindung

Menschen treffen Kaufentscheidungen oft aufgrund von Emotionen, die anschließend mit Logik gerechtfertigt werden. Ein gutes Copywriting berührt daher die emotionalen Sehnsüchte und Bedürfnisse der Zielgruppe. Geschichten (Storytelling) sind ein mächtiges Werkzeug, um eine emotionale Verbindung aufzubauen, da sie es dem Leser ermöglichen, sich selbst in der Geschichte wiederzufinden.

4. Klarheit und Kürze

In einer Welt voller Ablenkungen ist es entscheidend, dass Ihre Botschaft klar und auf den Punkt gebracht wird. Lange, verschachtelte Sätze und überflüssiges Fachjargon können Ihre Botschaft verdünnen. Gutes Copywriting ist direkt, klar und einfach zu verstehen. Jedes Wort muss seinen Platz verdienen.

5. Starke Handlungsaufforderungen (Call-to-Action)

Ein entscheidendes Element effektiven Copywritings ist ein starker Call-to-Action (CTA). Dieser leitet die Leser dazu an, die nächste Schritte zu unternehmen – sei es ein Kauf, eine Anmeldung oder eine Kontaktaufnahme. Ein gut platzierter und formulierter CTA kann die Konversionsrate signifikant erhöhen.

6. Optimierung für Suchmaschinen (SEO)

Die Sichtbarkeit Ihrer Inhalte in Suchmaschinen ist entscheidend für den Erfolg. Durch die Integration relevanter Schlüsselwörter, ohne dabei die Lesbarkeit und Natürlichkeit des Textes zu beeinträchtigen, können Sie sicherstellen, dass Ihre Inhalte von Ihrer Zielgruppe gefunden werden.

7. Testen und Anpassen

Schließlich ist es wichtig zu erkennen, dass nicht jeder Content sofort perfekt funktioniert. Die fortlaufende Analyse der Leistung Ihres Copywritings, gefolgt von Anpassungen und A/B-Tests, ist entscheidend, um die Wirksamkeit kontinuierlich zu verbessern.

Die Erstellung von Inhalten, die verkaufen, ist ein komplexer Prozess, der ein tiefes Verständnis der Zielgruppe, eine klare Kommunikation des Wertversprechens, den Aufbau emotionaler Verbindungen und eine starke strategische Ausrichtung erfordert.

Blogging, Videos, Infografiken

Copywriting spielt eine entscheidende Rolle im Content Marketing und nimmt verschiedene Formen an, um unterschiedliche Zielgruppen anzusprechen und verschiedene Ziele zu erreichen. Im Fokus stehen hierbei drei wichtige Content-Formate: Blogging, Videos und Infografiken. Jedes dieser Formate bedient sich spezifischer Techniken des Copywriting, um effektiv zu kommunizieren und letztendlich das Engagement des Publikums zu erhöhen.

Blogging
Blogging ist eine der ältesten und immer noch eine der effektivsten Methoden des Content Marketings. Ein gut geschriebener Blogbeitrag kann eine Vielzahl von Zielen verfolgen, wie z.B. die Steigerung der Markenbekanntheit, die Positionierung als Gedankenführer in einer Branche oder die Verbesserung des Suchmaschinenrankings durch SEO-optimierten Inhalt. Beim Copywriting für Blogs ist es wichtig, eine klare Struktur zu haben, die den Leser durch den Artikel führt. Eine Einleitung, die das Interesse weckt, gefolgt von einem informativen Hauptteil, der das Versprechen der Einleitung einlöst, und einem überzeugenden Schluss, der zu einer Aktion auffordert, sind essenziell. Sprachlich sollte der Blogbeitrag auf die Zielgruppe abgestimmt sein, Fachjargon sollte vermieden werden, es sei denn, der Blog richtet sich explizit an ein Fachpublikum. Die Verwendung von Zwischenüberschriften, Aufzählungszeichen und Bildern kann den Text auflockern und die Lesbarkeit verbessern.

Videos

Videos sind in den letzten Jahren zu einem zentralen Element des digitalen Marketings geworden. Sie bieten eine hervorragende Möglichkeit, komplexe Informationen auf eine leicht verständliche Weise zu vermitteln. Beim Copywriting für Videos ist das Skript von entscheidender Bedeutung. Es muss eine klare Botschaft vermitteln, die Aufmerksamkeit des Zuschauers von Anfang an fesseln und diese bis zum Ende halten. Eine starke Erzählstruktur, die eine Geschichte erzählt oder ein Problem und dessen Lösung aufzeigt, kann hier besonders wirkungsvoll sein. Die Sprache sollte lebhaft und ansprechend sein, wobei der Ton dem Kontext des Videos und der Marke entsprechen sollte. Ein effektiver Call-to-Action am Ende des Videos kann den Zuschauer dazu bewegen, den nächsten Schritt zu unternehmen, sei es ein Besuch auf einer Webseite, das Abonnieren eines Kanals oder der Kauf eines Produkts.

Infografiken

Infografiken sind eine kraftvolle Methode, um Daten und Statistiken visuell aufzubereiten und komplexe Informationen auf einen Blick verständlich zu machen. Gutes Copywriting für Infografiken bedeutet, den Text auf das Wesentliche zu reduzieren und gleichzeitig sicherzustellen, dass die vermittelten Informationen präzise und überzeugend sind. Die Herausforderung besteht darin, die richtige Balance zwischen Text und Bildern zu finden, um die Botschaft effektiv zu kommunizieren. Eine klare, logische Struktur, die den Betrachter durch die Informationen führt, ist unerlässlich. Ebenso wichtig ist die Wahl einer ansprechenden visuellen Gestaltung, die die Aufmerksamkeit auf sich zieht und zur Weitergabe der Infografik anregt. Hierbei spielen Farben, Schriftarten und die Anordnung der Elemente eine entscheidende Rolle.

Insgesamt erfordert effektives Copywriting in allen drei Formaten – Blogging, Videos und Infografiken – nicht nur ein tiefes Verständnis der Zielgruppe und der Ziele, die erreicht werden sollen, sondern auch die Fähigkeit, klare, ansprechende und überzeugende Inhalte zu schaffen, die das Publikum zum Handeln bewegen.

Fortgeschrittene Techniken und Strategien

Copywriting ist eine essenzielle Fähigkeit in der Welt des Marketings und der Werbung. Es geht darum, Texte zu erstellen, die Leser nicht nur ansprechen und fesseln, sondern sie auch zum Handeln bewegen. Fortgeschrittene Techniken und Strategien im Copywriting helfen dabei, die Effektivität der Texte zu maximieren, sei es, um die Markenbekanntheit zu steigern, Leads zu generieren oder den Verkauf anzukurbeln. Im Folgenden werden einige dieser fortgeschrittenen Methoden und Strategien detailliert beschrieben.

Storytelling
Eine der mächtigsten Techniken im Copywriting ist das Storytelling. Geschichten verbinden emotional, sind merkfähig und können komplexe Informationen auf einfache und nachvollziehbare Weise vermitteln. Ein gut erzähltes Storytelling im Copywriting schafft eine emotionale Verbindung zwischen Marke und Konsument und kann so die Überzeugungskraft des Textes erheblich steigern. Die Herausforderung liegt darin, authentische Geschichten zu finden oder zu kreieren, die sowohl zur Marke passen als auch die Zielgruppe ansprechen.

Psychologische Auslöser
Die Nutzung psychologischer Auslöser (Trigger) ist eine weitere fortgeschrittene Technik. Dazu gehören Prinzipien wie Reziprozität (die Neigung, einer Person, die uns etwas gegeben hat, etwas zurückzugeben), Knappheit (das Gefühl, etwas könnte uns entgehen) und sozialer Beweis (die Tendenz, das zu tun, was andere tun). Durch das gezielte Ansprechen dieser und anderer psychologischer Auslöser können Copywriter die

Entscheidungen der Leser beeinflussen und sie zum Handeln bewegen.

Verständlichkeit und Klarheit
Trotz der Verwendung fortgeschrittener Techniken darf die Grundlage guten Copywritings – Verständlichkeit und Klarheit – nicht vernachlässigt werden. Jeder Text sollte zielgruppengerecht und leicht verständlich sein. Dazu gehört, Fachjargon zu vermeiden, klare und prägnante Sätze zu verwenden und den Text logisch zu strukturieren. Fortgeschrittenes Copywriting bedeutet auch, den Text so zu optimieren, dass er die Aufmerksamkeit in einer immer ablenkenderen Welt fängt und hält.

A/B-Testing
Um die Wirksamkeit verschiedener Copywriting-Ansätze zu messen, setzen fortgeschrittene Copywriter auf A/B-Testing. Dabei werden zwei Versionen eines Textes (A und B) erstellt, die sich in einem oder mehreren Elementen unterscheiden. Diese werden dann einem Testpublikum präsentiert, um zu sehen, welche Version besser abschneidet. A/B-Testing hilft dabei, Verständnis darüber zu erlangen, welche Worte, Sätze, Call-to-Actions oder sogar Formate (z.B. Länge des Textes) die gewünschten Reaktionen hervorrufen.

SEO-Optimierung
In der digitalen Welt ist es unerlässlich, dass Texte nicht nur überzeugend sind, sondern auch von Suchmaschinen gefunden werden. Fortgeschrittenes Copywriting beinhaltet deshalb auch SEO-Optimierung. Dies umfasst die Integration relevanter Schlüsselwörter, die Strukturierung des Textes für eine bessere Lesbarkeit durch Suchmaschinen und die Optimierung von Metadaten. SEO-optimiertes Copywriting erhöht die

Sichtbarkeit in den Suchergebnissen und zieht so eine größere Zielgruppe an.

Personalisierung
In einer Welt, in der Konsumenten täglich mit Werbebotschaften überflutet werden, gewinnt die Personalisierung zunehmend an Bedeutung. Fortgeschrittenes Copywriting nutzt Daten und Technologien, um Inhalte auf die individuellen Bedürfnisse, Vorlieben und das Verhalten der Zielgruppe zuzuschneiden. Personalisierte Ansprachen können die Relevanz der Botschaft erhöhen und so die Wirksamkeit des Textes verbessern.

Zusammenfassend lässt sich sagen, dass fortgeschrittene Techniken und Strategien im Copywriting darauf abzielen, Texte effektiver zu gestalten, indem sie psychologische Prinzipien nutzen, Geschichten erzählen, auf Klarheit achten, durch Tests optimieren, für Suchmaschinen optimieren und personalisieren. Diese Methoden erfordern ein tiefes Verständnis der Zielgruppe, kreative Ansätze und die Bereitschaft, bestehende Ansätze ständig zu hinterfragen und anzupassen. Fortgeschrittenes Copywriting ist somit eine Kunst und Wissenschaft zugleich, die entscheidend zum Erfolg von Marketing- und Werbeaktionen beitragen kann.

Copywriting-Formeln

Copywriting-Formeln bieten eine strukturierte Herangehensweise, um überzeugende und wirkungsvolle Texte zu erstellen. Sie dienen als Richtlinien, die Copywritern helfen, ihre Botschaften klar, überzeugend und zielgerichtet zu formulieren. Hier sind mindestens 15 bewährte Copywriting-Formeln, die in verschiedenen Kontexten angewendet werden können:

AIDA: Attention, Interest, Desire, Action

Die AIDA-Formel ist eine der ältesten und bekanntesten Methoden im Marketing und Copywriting. Sie wurde gegen Ende des 19. Jahrhunderts entwickelt und hat sich seitdem als ein effektives Werkzeug zur Gestaltung und Bewertung von Werbeinhalten etabliert. AIDA steht für Attention (Aufmerksamkeit), Interest (Interesse), Desire (Wunsch) und Action (Handlung) und beschreibt die vier Stufen, die ein potenzieller Kunde durchläuft, bevor er eine Kaufentscheidung trifft. Die Anwendung dieser Formel kann dabei helfen, die Effektivität von Werbetexten, Verkaufspräsentationen, Websites und anderen Marketingmaterialien zu steigern.

Attention (Aufmerksamkeit)
Der erste Schritt der AIDA-Formel besteht darin, die Aufmerksamkeit des Zielpublikums zu erregen. In einer Welt voller Ablenkungen ist es entscheidend, dass eine Werbebotschaft heraussticht und den potenziellen Kunden dazu bringt, innezuhalten und sich dem dargebotenen Inhalt zuzuwenden. Dies kann durch auffällige Überschriften, ansprechende Bilder,

provokative Aussagen oder den Einsatz von Humor erreicht werden. Der Schlüssel liegt darin, das Interesse des Betrachters schnell zu wecken, damit er bereit ist, sich weiter mit der Nachricht zu beschäftigen.

Interest (Interesse)
Nachdem die Aufmerksamkeit des Lesers oder Zuschauers erregt wurde, geht es im nächsten Schritt darum, sein Interesse zu wecken. Hier muss der Inhalt überzeugend genug sein, um den Betrachter dazu zu bringen, mehr erfahren zu wollen. Dieser Schritt erfordert eine tiefergehende Auseinandersetzung mit den Bedürfnissen und Wünschen der Zielgruppe. Informationen über die Vorteile des Produkts oder der Dienstleistung, die Relevanz für den potenziellen Kunden und Antworten auf häufig gestellte Fragen sind hierbei von zentraler Bedeutung. Ziel ist es, eine Verbindung zwischen den Bedürfnissen des Kunden und dem angebotenen Produkt oder der Dienstleistung herzustellen.

Desire (Wunsch)
Der dritte Schritt ist die Transformation des Interesses in einen konkreten Wunsch. In dieser Phase wird das Ziel verfolgt, den potenziellen Kunden davon zu überzeugen, dass das Produkt oder die Dienstleistung nicht nur interessant, sondern auch begehrenswert ist. Dies erreicht man, indem man auf emotionale Bedürfnisse eingeht, Exklusivität suggeriert oder den potenziellen Nutzen stark hervorhebt. Geschichten und Testimonials zufriedener Kunden können hier besonders wirkungsvoll sein, da sie eine emotionale Verbindung aufbauen und die Vorstellungskraft anregen.

Action (Handlung)
Der letzte Schritt der AIDA-Formel ist die Aufforderung zur Handlung (Call-to-Action, CTA). Nachdem das

Interesse geweckt und der Wunsch verstärkt wurde, muss der potenzielle Kunde nun dazu bewegt werden, eine konkrete Aktion zu unternehmen – sei es der Kauf eines Produkts, die Anmeldung für einen Newsletter oder die Kontaktaufnahme für weitere Informationen. Ein effektiver CTA ist klar, direkt und leicht verständlich. Er sollte dem Leser genau sagen, was er als Nächstes tun soll, und den Prozess so einfach wie möglich gestalten.

Die AIDA-Formel ist nicht nur ein leistungsfähiges Werkzeug im Marketing und Copywriting, sondern auch ein nützlicher Rahmen für die Analyse und Verbesserung bestehender Marketingstrategien. Durch das Verständnis und die Anwendung dieser vier Stufen können Unternehmen und Werbetreibende ihre Botschaften effektiver gestalten, die Kundenbindung verbessern und letztendlich ihre Verkaufszahlen steigern.

PAS: Problem, Agitate, Solution

Das PAS-Modell, welches für Problem, Agitation, Solution steht, ist eine bewährte Methode in der Kommunikation, insbesondere im Marketing und in der Werbung, aber auch in anderen Bereichen wie dem Journalismus und der politischen Kommunikation. Es basiert auf der psychologischen Prämisse, dass Menschen grundsätzlich bestrebt sind, Probleme zu lösen und Unbehagen zu vermeiden. Durch das gezielte Ansprechen dieser menschlichen Neigungen können Botschaften effektiver gestaltet werden, um Aufmerksamkeit zu erregen, Interesse zu wecken und letztendlich zur Handlung zu motivieren.

Problem

Der erste Schritt des PAS-Modells besteht darin, ein spezifisches Problem zu identifizieren und klar darzustellen. Dies ist entscheidend, denn ohne ein klar definiertes Problem gibt es keinen Anreiz für den Leser oder Zuhörer, weiterzumachen und nach einer Lösung zu suchen. Die Kunst liegt darin, ein Problem zu wählen, das für die Zielgruppe relevant und bedeutsam ist. Es sollte sich um eine Herausforderung handeln, die sie persönlich betrifft oder zumindest nachvollziehen kann. Die Darstellung des Problems erfordert Einfühlungsvermögen und Verständnis für die Zielgruppe, um sicherzustellen, dass die Botschaft Resonanz findet.

Agitation
Nachdem das Problem identifiziert wurde, geht es im nächsten Schritt darum, die emotionalen Aspekte zu intensivieren. Hier wird das Problem nicht nur angesprochen, sondern es wird auf die emotionale Ebene gehoben, indem die Konsequenzen des Problems oder die durch das Problem verursachten Schmerzen detailliert beschrieben werden. Diese Agitation soll den emotionalen Zustand des Lesers oder Zuhörers verstärken, sodass ein stärkeres Verlangen nach einer Lösung entsteht. Es geht darum, ein Gefühl der Dringlichkeit zu erzeugen, indem die negativen Auswirkungen des Problems auf das persönliche oder berufliche Leben der Zielgruppe hervorgehoben werden. Dieser Schritt nutzt die menschliche Tendenz, Schmerzen vermeiden zu wollen, und bereitet den Boden für die Präsentation der Lösung vor.

Solution
Der letzte Schritt des PAS-Modells besteht darin, eine Lösung für das aufgeworfene Problem anzubieten. Nachdem das Problem intensiviert und emotional aufgeladen wurde, ist der Leser oder Zuhörer nun in einem Zustand, in dem er aktiv nach Lösungen sucht. An

diesem Punkt wird eine Lösung präsentiert, die als Heilmittel für die zuvor beschriebenen Schmerzen dient. Die Lösung sollte direkt auf das angesprochene Problem abzielen und eine klare, verständliche und vor allem realisierbare Antwort bieten. In der Werbung oder im Marketing könnte dies ein Produkt, eine Dienstleistung oder eine Handlung sein, die der Zielgruppe angeboten wird. Die Lösung sollte so dargestellt werden, dass sie als der beste oder einzige Weg erscheint, das Problem zu lösen.

Das PAS-Modell ist so wirkungsvoll, weil es auf fundamentalen menschlichen Verhaltensweisen basiert. Es spricht sowohl den Verstand als auch die Emotionen an und schafft so eine starke Motivation zur Handlung. Durch das Durchlaufen dieser drei Schritte – das Erkennen eines relevanten Problems, das Intensivieren der damit verbundenen Emotionen und das Anbieten einer überzeugenden Lösung – können Botschaften kreiert werden, die nicht nur Aufmerksamkeit erregen, sondern auch zum Handeln bewegen.

In der Praxis bedeutet die Anwendung des PAS-Modells, dass die Botschaft genau auf die Zielgruppe zugeschnitten sein muss. Es erfordert ein tiefes Verständnis der Bedürfnisse, Wünsche und Ängste der Menschen, die erreicht werden sollen. Zudem erfordert es Geschick im Umgang mit Sprache und Bildern, um die Probleme und Lösungen auf eine Weise zu kommunizieren, die resoniert und überzeugt. Letztlich ist das Ziel des PAS-Modells, eine Brücke zu bauen – von einem unerfüllten Bedürfnis oder einem schmerzhaften Problem hin zu einer befriedigenden und erlösenden Lösung.

FAB: Features, Advantages, Benefits

Die FAB-Formel ist ein zentrales Konzept im Marketing und Verkauf, das darauf abzielt, die Kommunikation zwischen Anbietern und potenziellen Kunden zu verbessern und letztendlich den Verkaufsprozess zu fördern. Diese Formel unterteilt die Präsentation eines Produkts oder einer Dienstleistung in drei Hauptkomponenten: Features (Eigenschaften), Advantages (Vorteile) und Benefits (Nutzen). Durch eine klare und strukturierte Darstellung dieser Aspekte können Unternehmen ihre Angebote effektiver bewerben und Kunden überzeugen. Im Folgenden werden diese drei Komponenten detailliert beschrieben und deren Bedeutung im Verkaufsprozess erläutert.

Features (Eigenschaften)
Die Eigenschaften eines Produkts oder einer Dienstleistung sind dessen grundlegende Merkmale und Funktionen. Sie bilden die objektive Basis, auf der weitere Diskussionen über Vorteile und Nutzen aufbauen. Eigenschaften können technische Spezifikationen, Designelemente, Bestandteile oder besondere Funktionen umfassen, die ein Produkt oder eine Dienstleistung charakterisieren. In dieser Phase ist es wichtig, präzise und informativ zu sein, um dem potenziellen Kunden ein klares Verständnis des Angebots zu vermitteln.

Ein Beispiel für eine Eigenschaft könnte die Wasserdichtigkeit einer Smartwatch sein, die Fähigkeit, eine bestimmte Anzahl von Metern unter Wasser zu funktionieren, oder die Integration von KI-Technologie in eine Kundendienstsoftware, die automatische Antworten ermöglicht.

Advantages (Vorteile)

Nachdem die Eigenschaften dargelegt wurden, geht es im nächsten Schritt darum, die Vorteile dieser Eigenschaften hervorzuheben. Vorteile beschreiben, wie die Features eines Produkts oder einer Dienstleistung dem Kunden einen Mehrwert bieten können. Sie transformieren technische Details und Merkmale in praktische Auswirkungen, die für den Kunden von Interesse sind. Dieser Schritt ist entscheidend, um die Relevanz der Produktmerkmale für den Alltag des Kunden zu verdeutlichen.

Beim Beispiel der Smartwatch wäre ein Vorteil, dass der Nutzer das Gerät beim Schwimmen oder in regnerischen Bedingungen tragen kann, ohne sich Sorgen über Wasserschäden machen zu müssen. Bei der Kundendienstsoftware könnte ein Vorteil die Zeitersparnis sein, die durch die schnelle Bearbeitung häufig gestellter Fragen mittels KI erreicht wird.

Benefits (Nutzen)
Der letzte Schritt der FAB-Formel konzentriert sich auf den Nutzen, den der Kunde durch die Vorteile des Produkts oder der Dienstleistung erfährt. Während Vorteile noch relativ objektiv sind, sprechen Nutzen die emotionalen und persönlichen Auswirkungen an, die das Produkt oder die Dienstleistung auf das Leben des Kunden haben kann. Der Nutzen verbindet die Eigenschaften und Vorteile mit den Bedürfnissen, Wünschen oder Problemen des Kunden und zeigt auf, wie das Angebot zur Lösung oder Verbesserung beitragen kann.

Für die Smartwatch könnte der Nutzen sein, dass der Kunde ein aktiveres und gesünderes Leben führen kann, indem er ohne Einschränkungen durch Wetter oder Umgebung trainiert. Im Fall der Kundendienstsoftware könnte der Nutzen für den Unternehmer darin bestehen, dass er eine höhere Kundenzufriedenheit und Loyalität durch schnelle und effiziente Serviceleistungen erzielt.

Die FAB-Formel bietet einen strukturierten Ansatz, um die Stärken eines Produkts oder einer Dienstleistung hervorzuheben, indem sie nicht nur aufzeigt, was diese leisten können, sondern auch, warum dies für den Kunden relevant ist. Durch die Fokussierung auf Features, Advantages und Benefits können Unternehmen eine tiefere Verbindung mit ihren Kunden herstellen, indem sie nicht nur informieren, sondern auch Emotionen ansprechen und echten Wert demonstrieren. Dieser Ansatz fördert nicht nur das Verständnis und Interesse potenzieller Kunden, sondern kann auch die Grundlage für langfristige Kundenbeziehungen und -treue schaffen.

The 4 Cs: Clear, Concise, Compelling, Credible

Die Formel der "4 Cs" - klar, prägnant, überzeugend und glaubwürdig - ist eine leistungsstarke Richtlinie für die effektive Kommunikation. Sie ist in verschiedenen Bereichen anwendbar, von der Geschäftskommunikation über das Marketing bis hin zur persönlichen Interaktion. Die Anwendung dieser Prinzipien kann die Klarheit der Botschaft erhöhen, Missverständnisse reduzieren, die Überzeugungskraft verstärken und die Glaubwürdigkeit des Senders stärken. Im Folgenden wird detailliert auf jedes der vier Cs eingegangen.

Klar (Clear)
Die Klarheit einer Botschaft ist fundamental. Eine klare Kommunikation bedeutet, dass die Botschaft leicht verständlich ist und keine Raum für Missinterpretationen lässt. Dies erreicht man durch den Einsatz einfacher,

direkter Sprache und den Verzicht auf Fachjargon, es sei denn, das Publikum ist mit diesem vertraut. Klarheit erfordert auch eine logische Strukturierung der Information, sodass der Empfänger die Hauptpunkte schnell erfassen und verstehen kann. Visualisierungen oder Beispiele können zusätzlich verwendet werden, um komplexe Ideen zu verdeutlichen.

Prägnant (Concise)

Prägnanz in der Kommunikation bedeutet, sich auf das Wesentliche zu konzentrieren und unnötige Informationen zu vermeiden. Lange, ausschweifende Erklärungen können das Kernanliegen verdunkeln und das Interesse des Publikums mindern. Prägnante Kommunikation respektiert die Zeit des Empfängers und erhöht die Chance, dass die Botschaft aufgenommen wird. Es geht darum, effektiv zu kommunizieren, nicht um minimale Wortanzahl. Wichtig ist, dass die Botschaft vollständig und verständlich bleibt, auch wenn sie knapp formuliert ist.

Überzeugend (Compelling)

Eine überzeugende Botschaft bewegt das Publikum zum Handeln oder zum Überdenken einer bestimmten Ansicht. Sie appelliert an die Emotionen, Werte oder Logik des Empfängers. Überzeugungskraft erfordert ein tiefes Verständnis des Publikums, einschließlich seiner Bedürfnisse, Wünsche und möglicher Einwände. Geschichten, statistische Daten, Fakten oder Testimonials können verwendet werden, um die Argumentation zu stärken und die Botschaft greifbarer zu machen. Die Herausforderung besteht darin, eine Balance zu finden, die informativ ist, ohne manipulativ zu wirken.

Glaubwürdig (Credible)

Die Glaubwürdigkeit des Senders ist entscheidend für die Wirksamkeit der Kommunikation. Glaubwürdigkeit baut auf Vertrauen und Expertise auf. Sie wird durch die Nutzung verlässlicher Quellen, die Offenlegung von Interessenkonflikten und die Bereitschaft, eigene Grenzen des Wissens anzuerkennen, verstärkt. In manchen Fällen kann die Glaubwürdigkeit durch die Zitation anerkannter Experten oder durch den Einsatz von Beweisen und Daten untermauert werden. Eine konsistente Kommunikation, die frühere Aussagen und Handlungen berücksichtigt, stärkt ebenfalls die Glaubwürdigkeit.

Anwendung der 4 Cs
Die Implementierung der 4 Cs in der Kommunikation erfordert Übung und Bewusstsein. Es beginnt mit der Analyse der Zielgruppe und der Definition der Kernbotschaft. Daraufhin sollte der Inhalt unter Berücksichtigung der Klarheit und Prägnanz strukturiert werden, um sicherzustellen, dass die wesentlichen Informationen hervorgehoben werden. Überzeugende Elemente und die Untermauerung der Glaubwürdigkeit folgen, um die Botschaft zu stärken und das Vertrauen des Publikums zu gewinnen.

In der Praxis können diese Prinzipien in Schriftform, in Präsentationen, in Meetings und in alltäglichen Gesprächen angewandt werden. Die Herausforderung und gleichzeitig die Kunst bestehen darin, die Balance zwischen diesen Elementen zu finden, um die jeweilige Zielgruppe effektiv anzusprechen. Die 4 Cs sind nicht nur Techniken, sondern auch eine Philosophie der Kommunikation, die darauf abzielt, Verständnis zu fördern, Beziehungen zu stärken und letztlich erfolgreich zu kommunizieren.

The 4 Us: Urgent, Unique, Useful, Ultra-specific

Die "4 Us"-Formel ist ein bemerkenswertes Konzept im Marketing und in der Kommunikationsstrategie, das darauf abzielt, die Effektivität von Nachrichten zu maximieren, um die Aufmerksamkeit des Publikums zu erlangen und es zu motivieren, zu handeln. Diese Formel basiert auf vier Schlüsselkomponenten: Urgent (Dringend), Unique (Einzigartig), Useful (Nützlich) und Ultra-specific (Ultra-spezifisch). Jedes dieser Elemente spielt eine entscheidende Rolle dabei, Inhalte zu schaffen, die nicht nur die Aufmerksamkeit der Zielgruppe fesseln, sondern sie auch dazu bewegen, eine gewünschte Aktion auszuführen. Lassen Sie uns jede Komponente ausführlich betrachten und verstehen, warum sie so wichtig ist.

Urgent (Dringend)
Die Dringlichkeit ist ein mächtiger psychologischer Auslöser, der Menschen dazu bewegen kann, sofort zu handeln. In einer Welt, die mit Informationen überflutet wird, haben Nachrichten, die ein Gefühl der Dringlichkeit vermitteln, eine höhere Chance, aus der Masse herauszustechen. Dringlichkeit kann durch zeitlich begrenzte Angebote, Countdowns oder die Betonung der sofortigen Vorteile, die durch eine Aktion erzielt werden können, erzeugt werden. Das Ziel ist es, beim Empfänger das Gefühl zu wecken, dass ein Zögern eine verpasste Gelegenheit bedeuten könnte. Dringlichkeit zu schaffen, erfordert jedoch Fingerspitzengefühl; zu aggressives Vorgehen kann kontraproduktiv wirken und das Vertrauen der Zielgruppe untergraben.

Unique (Einzigartig)

Einzigartigkeit ist entscheidend, um sich in einem überfüllten Markt abzuheben. Nachrichten, die eine einzigartige Positionierung, Perspektive oder ein einzigartiges Angebot hervorheben, können das Interesse des Publikums wecken. Die Einzigartigkeit einer Botschaft kann sich auf das Produkt, die Dienstleistung oder die Art und Weise beziehen, wie eine Information präsentiert wird. Die Herausforderung besteht darin, den einzigartigen Wert eines Angebots klar zu kommunizieren und zu zeigen, wie es sich von anderen unterscheidet. Dies erfordert ein tiefes Verständnis der Zielgruppe und der Konkurrenz, um die Elemente zu identifizieren, die wirklich einen Unterschied machen.

Useful (Nützlich)
Nützlichkeit bezieht sich auf den praktischen Wert, den eine Nachricht oder ein Angebot für den Empfänger hat. Inhalte, die als nützlich wahrgenommen werden, sind eher in der Lage, die Aufmerksamkeit zu erregen und das Publikum zum Handeln zu bewegen. Die Nützlichkeit kann sich auf die Lösung eines Problems, die Erfüllung eines Bedürfnisses oder die Bereitstellung wertvoller Informationen beziehen. Um die Nützlichkeit zu maximieren, ist es wichtig, die Bedürfnisse und Interessen der Zielgruppe genau zu kennen und anzusprechen. Dies kann durch gründliche Marktforschung und Kundenfeedback erreicht werden.

Ultra-specific (Ultra-spezifisch)
Ultra-spezifisch zu sein bedeutet, sehr detailliert und genau in der Kommunikation eines Angebots oder einer Nachricht zu sein. Durch die Konzentration auf spezifische Aspekte, Details oder Vorteile kann eine Botschaft für den Empfänger relevanter und ansprechender gemacht werden. Ultra-spezifische Nachrichten helfen, Erwartungen zu setzen und

Vertrauen aufzubauen, indem sie klare Informationen darüber liefern, was angeboten wird und wie es dem Empfänger nutzen wird. Dies erfordert eine präzise Kenntnis des Produkts oder der Dienstleistung sowie ein tiefes Verständnis dafür, was für die Zielgruppe am wichtigsten ist.

Die Integration der "4 Us" in Ihre Kommunikations- und Marketingstrategie kann eine kraftvolle Methode sein, um die Effektivität Ihrer Botschaften zu steigern. Durch die Schaffung von Inhalten, die gleichzeitig dringend, einzigartig, nützlich und ultra-spezifisch sind, können Sie nicht nur die Aufmerksamkeit Ihrer Zielgruppe gewinnen, sondern sie auch dazu bewegen, die gewünschten Aktionen zu ergreifen. Erfolgreiche Anwendung dieser Prinzipien erfordert ein kontinuierliches Experimentieren und Anpassen, basierend auf dem Feedback und den sich ändernden Vorlieben Ihrer Zielgruppe.

ACCA: Awareness, Comprehension, Conviction, Action

Das ACCA-Modell steht für Awareness, Comprehension, Conviction und Action und ist ein Marketing- und Werbekonzept, das den Prozess beschreibt, durch den ein Kunde von der ersten Wahrnehmung eines Produkts oder einer Dienstleistung bis zur tatsächlichen Handlung, wie dem Kauf oder der Anmeldung, geführt wird. Es ist eng verwandt mit dem älteren und bekannteren AIDA-Modell (Attention, Interest, Desire, Action), legt jedoch einen stärkeren Fokus auf das Bewusstsein (Awareness) und das Verständnis (Comprehension) des Kunden vor der Überzeugung (Conviction) und der Handlung (Action).

Awareness (Bewusstsein)

Der erste Schritt im ACCA-Modell ist die Schaffung von Bewusstsein. In dieser Phase geht es darum, die Aufmerksamkeit der Zielgruppe auf sich zu ziehen und sicherzustellen, dass sie von dem Produkt oder der Dienstleistung weiß. Im Gegensatz zum AIDA-Modell, bei dem es zunächst nur um die Erregung von Aufmerksamkeit (Attention) geht, betont das ACCA-Modell die Bedeutung, nicht nur bemerkt zu werden, sondern auch das Bewusstsein für das spezifische Angebot zu wecken. Dies kann durch verschiedene Marketingkanäle erreicht werden, wie Social Media, Werbung, Public Relations oder Event-Marketing. Ziel ist es, die Zielgruppe darüber zu informieren, dass es eine Lösung für ein Problem oder eine Möglichkeit zur Befriedigung eines Bedürfnisses gibt.

Comprehension (Verständnis)

Nachdem das Bewusstsein geschaffen wurde, geht es im nächsten Schritt darum, das Verständnis der Zielgruppe für das Produkt oder die Dienstleistung zu vertiefen. In dieser Phase sollen die Eigenschaften, Vorteile und der Wert des Angebots klar kommuniziert werden. Es ist wichtig, dass die potenziellen Kunden nicht nur wissen, dass das Produkt oder die Dienstleistung existiert, sondern auch verstehen, wie es funktioniert, welche Probleme es lösen kann und warum es die beste verfügbare Option ist. Dies erfordert oft detaillierte Informationen und Bildungsinhalte, wie Produktvideos, Demonstrationsmaterialien, informative Blogbeiträge oder Kundenbewertungen.

Conviction (Überzeugung)

Der dritte Schritt, Überzeugung, baut auf dem Verständnis auf und zielt darauf ab, die Zielgruppe davon zu überzeugen, dass das Produkt oder die Dienstleistung die richtige Wahl für sie ist. In dieser Phase werden die

Kunden dazu gebracht, eine positive Einstellung oder Meinung über das Angebot zu entwickeln. Es geht darum, Vertrauen und Glaubwürdigkeit aufzubauen, indem man auf die Einzigartigkeit des Angebots hinweist, Erfolgsgeschichten teilt, und möglicherweise auch durch Vergleiche mit Wettbewerbern überzeugt. Die Herausforderung besteht darin, die potenziellen Kunden dazu zu bringen, sich emotional mit dem Produkt oder der Marke zu verbinden und die Entscheidung zu treffen, dass sie bereit sind, den nächsten Schritt zu gehen.

Action (Handlung)
Der letzte Schritt im ACCA-Modell ist die Aufforderung zur Handlung. Nachdem die Kunden sich des Produkts bewusst sind, es verstanden haben und davon überzeugt sind, ist es an der Zeit, sie zu einer konkreten Handlung zu bewegen. Dies kann der Kauf eines Produkts, die Anmeldung für einen Service, die Anfrage nach weiteren Informationen oder eine andere gewünschte Reaktion sein. In dieser Phase ist es wichtig, den Prozess so einfach und reibungslos wie möglich zu gestalten und mögliche Hindernisse für die Handlung zu beseitigen. Effektive Handlungsaufforderungen (Calls-to-Action), klare Anweisungen und die Unterstützung durch einen intuitiven Kaufprozess sind entscheidend für den Erfolg in dieser Phase.

Das ACCA-Modell bietet einen umfassenden Rahmen für das Verständnis der Schritte, die ein Kunde von der ersten Wahrnehmung bis zur endgültigen Handlung durchläuft. Indem es einen stärkeren Fokus auf das Bewusstsein und das Verständnis legt, bevor es zur Überzeugung und zur Handlungsaufforderung übergeht, betont es die Bedeutung einer gründlichen Aufklärung und Informationsvermittlung in den frühen Phasen des Kaufentscheidungsprozesses. Dieser Ansatz kann besonders effektiv sein, um langfristige

Kundenbeziehungen aufzubauen und die Grundlage für wiederholte Geschäfte zu legen.

QUEST: Qualify, Understand, Educate, Stimulate, Transition

Die QUEST-Formel ist ein strategischer Ansatz im Marketing, Verkauf und der Kommunikation, der darauf abzielt, eine effektive Verbindung zwischen Unternehmen und ihrer Zielgruppe herzustellen. Diese Methode folgt einer strukturierten Reihenfolge von Schritten: Qualifizieren, Verstehen, Erziehen, Stimulieren und Überleiten (Transition). Jeder dieser Schritte spielt eine entscheidende Rolle im Prozess der Kundengewinnung und -bindung, indem er darauf ausgerichtet ist, nicht nur die Aufmerksamkeit der Zielgruppe zu gewinnen, sondern diese auch durch eine Reise der Wertschöpfung zu führen, die schließlich in einer Handlung mündet. Im Folgenden wird jeder Schritt detailliert beschrieben, um ein tieferes Verständnis für die QUEST-Formel zu erlangen.

Qualify (Qualifizieren)
Der erste Schritt, Qualifizieren, dreht sich um die Identifizierung und Ansprache der richtigen Zielgruppe. In dieser Phase ist es entscheidend, dass Unternehmen verstehen, wer ihre idealen Kunden sind – das heißt, die Personen, die am wahrscheinlichsten von ihren Produkten oder Dienstleistungen profitieren. Durch Marktanalysen, Kundenbefragungen und die Nutzung von Datenanalysetools können Unternehmen detaillierte Kundenprofile erstellen, die helfen, Marketing- und Vertriebsanstrengungen auf jene Personen zu konzentrieren, die eine höhere Wahrscheinlichkeit für eine Conversion zeigen. Dieser Schritt vermeidet die

Verschwendung von Ressourcen auf breit angelegte Kampagnen, die eine weniger spezifizierte Zielgruppe ansprechen.

Understand (Verstehen)

Nachdem die Zielgruppe qualifiziert wurde, geht es darum, ihre Bedürfnisse, Wünsche, Schmerzpunkte und Verhaltensweisen zu verstehen. Dies beinhaltet eine tiefe Tauchphase, in der durch direkte Interaktionen, Marktforschung und das Sammeln von Feedback wertvolle Einblicke in die Kundenerfahrung gewonnen werden. Unternehmen nutzen diese Informationen, um ihre Angebote und Kommunikationsstrategien so anzupassen, dass sie resonieren und einen echten Wert für ihre Zielgruppe darstellen. Ein gründliches Verständnis ermöglicht es Unternehmen auch, potenzielle Einwände oder Hindernisse im Kaufprozess zu antizipieren und zu adressieren.

Educate (Erziehen)

Im dritten Schritt, Erziehen, konzentriert sich die Strategie darauf, der Zielgruppe wertvolle Informationen bereitzustellen, die nicht nur über das Produkt oder die Dienstleistung aufklären, sondern auch darüber, wie diese das Leben der Kunden verbessern können. Bildungsinhalte können in Form von Blogbeiträgen, Videos, Webinaren, Whitepapers und mehr präsentiert werden. Das Ziel ist es, die Zielgruppe zu befähigen, informierte Entscheidungen zu treffen, indem man ihr das notwendige Wissen vermittelt. Dieser Schritt baut Vertrauen und Glaubwürdigkeit auf und positioniert das Unternehmen als Branchenexperten.

Stimulate (Stimulieren)

Nachdem die Zielgruppe ausgebildet wurde, zielt der vierte Schritt darauf ab, Interesse und Begeisterung zu wecken. Stimulieren bedeutet, emotionale Reaktionen zu provozieren und einen Sinn der Dringlichkeit zu erzeugen, der die Zielgruppe dazu bewegt, den nächsten Schritt zu erwägen. Durch überzeugende Call-to-Actions (CTAs), limitierte Angebote, Demonstrationsvideos oder Kundenbewertungen können Unternehmen den Wunsch wecken, Teil der Markengemeinschaft zu werden oder das beworbene Produkt zu erwerben.

Transition (Überleiten)
Der letzte Schritt, Überleiten, fokussiert sich auf die Umwandlung des Interesses in tatsächliche Handlungen. Hier geht es darum, den Kaufprozess so reibungslos und einfach wie möglich zu gestalten. Ob es sich um den Online-Kaufprozess, die Anmeldung für eine Dienstleistung oder die Teilnahme an einer Veranstaltung handelt, jedes Element sollte darauf ausgerichtet sein, Barrieren zu minimieren und den Übergang zur Handlung zu erleichtern. Unternehmen können dies erreichen, indem sie klare Anweisungen bieten, Unterstützung während des Prozesses anbieten und sicherstellen, dass die Kunden jederzeit wissen, was sie als Nächstes tun sollen.

Zusammenfassend ist die QUEST-Formel ein ganzheitlicher Ansatz, der nicht nur darauf abzielt, die richtigen Kunden zu identifizieren und anzusprechen, sondern sie auch durch einen Prozess zu führen, der Wert schafft und letztlich zu einer gewünschten Handlung führt. Durch die Implementierung dieser Methode können Unternehmen eine stärkere Verbindung zu ihrer Zielgruppe aufbauen, ihre Markenposition stärken und ihre Conversion-Raten verbessern.

BAB: Before, After, Bridge

Das BAB-Modell, kurz für Before, After, Bridge, ist eine wirkungsvolle Methode im Marketing und Verkauf, die darauf abzielt, potenzielle Kunden effektiv anzusprechen und zu überzeugen. Dieses Modell basiert auf einer strukturierten Darstellung des Zustandes vor und nach der Nutzung eines Produkts oder einer Dienstleistung und der Brücke, die den Übergang zwischen diesen beiden Zuständen ermöglicht. Im Folgenden wird das BAB-Modell detailliert erläutert, um seine Anwendung und Wirksamkeit zu verdeutlichen.

Before (Vorher)

Im ersten Schritt, "Before", geht es darum, den aktuellen Zustand des potenziellen Kunden zu beschreiben. Hier wird das Problem oder Bedürfnis des Kunden in den Mittelpunkt gestellt. Es ist entscheidend, dass diese Darstellung möglichst genau und empathisch erfolgt, um eine Resonanz beim Leser oder Zuhörer zu erzeugen. Indem man die Schmerzpunkte und Herausforderungen des Kunden genau artikuliert, fühlt sich dieser verstanden und ist eher bereit, sich weiter mit der Botschaft zu beschäftigen. Dieser Schritt legt den Grundstein für eine erfolgreiche Kundenansprache, da er die Ausgangslage definiert, von der aus Verbesserungen erreicht werden sollen.

After (Nachher)

Der zweite Schritt, "After", konzentriert sich darauf, eine Vision des zukünftigen, verbesserten Zustandes zu malen, in dem das Problem des Kunden gelöst ist oder sein Bedürfnis befriedigt wurde. Hier geht es darum, dem Kunden ein klares Bild davon zu vermitteln, wie viel besser sein Leben oder seine Situation mit dem Produkt oder der Dienstleistung sein könnte. Diese positive Darstellung soll Begeisterung und das Verlangen wecken, diesen Zustand zu erreichen. Wichtig ist, dass die Vorteile und der Mehrwert, die der Kunde erfahren würde, konkret und greifbar gemacht werden. Dadurch kann der Kunde sich emotional mit dem gewünschten Zustand verbinden und ist eher geneigt, eine Veränderung herbeiführen zu wollen.

Bridge (Brücke)
Der dritte und letzte Schritt, "Bridge", bildet das entscheidende Element des Modells: die Verbindung zwischen dem aktuellen und dem gewünschten Zustand. In diesem Teil wird das Produkt oder die Dienstleistung als Lösung präsentiert, die den Kunden von "Before" zu "After" bringt. Die Brücke muss überzeugend dargestellt werden, um zu verdeutlichen, wie genau das Angebot die Probleme löst oder die Bedürfnisse erfüllt. Es ist wichtig, dass hier auch auf eventuelle Einwände eingegangen wird und klar gemacht wird, warum dieses spezielle Produkt oder diese Dienstleistung die beste Wahl ist. Die Brücke soll das Vertrauen des Kunden gewinnen und ihn dazu bewegen, den nächsten Schritt zu wagen, sei es durch einen Kauf, die Anforderung weiterer Informationen oder eine andere gewünschte Aktion.

Anwendung und Wirksamkeit
Das BAB-Modell ist besonders effektiv, weil es eine klare und strukturierte Methode bietet, um die Aufmerksamkeit des Kunden zu gewinnen, Bedürfnisse zu wecken und Lösungen anzubieten. Durch die Betonung des Kontrasts zwischen dem aktuellen und dem gewünschten Zustand und die klare Darstellung der Lösung, die diesen Übergang ermöglicht, können Unternehmen und Verkäufer potenzielle Kunden tiefer ansprechen und überzeugen.

In der Praxis kann das BAB-Modell in verschiedenen Formaten angewendet werden, darunter Werbetexte, Verkaufsgespräche, Produktpräsentationen und Kundenfallstudien. Unabhängig vom Format ist es wichtig, dass die Botschaft authentisch ist und die spezifischen Bedürfnisse und Wünsche des Zielmarktes widerspiegelt. Eine gut durchgeführte BAB-Strategie führt nicht nur zu einer höheren Konversionsrate, sondern kann auch die Kundenbindung stärken, indem sie zeigt, dass das Unternehmen die Bedürfnisse seiner Kunden versteht und sich dafür einsetzt, diese zu erfüllen.

STAR: Situation, Task, Action, Result

Die STAR-Methode ist ein strukturierter Ansatz zur Darstellung von Situationen, Aufgaben, Aktionen und Ergebnissen, insbesondere nützlich in Interviews, Case Studies und Erfolgsgeschichten. Diese Methode hilft dabei, komplexe Informationen auf eine klare, logische und überzeugende Weise zu präsentieren. Durch ihre Anwendung kann man nicht nur die eigenen Erfahrungen und Leistungen effektiv kommunizieren, sondern auch die Fähigkeit zur Problemlösung, zur Zielsetzung und zum strategischen Denken demonstrieren. Im Folgenden werde ich jeden Aspekt der STAR-Formel ausführlich erläutern und deren Bedeutung und Anwendung in verschiedenen Kontexten diskutieren.

Situation
Der erste Schritt der STAR-Methode ist die Beschreibung der Situation. Hier legt man den Kontext für das Szenario dar, das man besprechen möchte. Diese Beschreibung sollte die relevanten Details beinhalten, die notwendig sind, um den Zuhörer oder Leser zu informieren und einzubeziehen, aber ohne unnötige Informationen, die vom Kern der Geschichte ablenken könnten. Es ist wichtig, die Situation so zu schildern, dass sie spezifisch, aber dennoch allgemein verständlich ist. Dies kann

beinhalten, wo und wann die beschriebene Situation stattfand, wer daran beteiligt war und welche Herausforderungen oder Ziele vorhanden waren.

Aufgabe

Nachdem die Situation klar umrissen wurde, geht es im nächsten Schritt um die Aufgabe. Hier wird beschrieben, was erreicht oder gelöst werden musste. Die Aufgabe sollte direkt aus der Situation heraus entstehen und einen klaren Fokus haben. Es ist entscheidend, dass die Aufgabe spezifisch, messbar und relevant ist. Durch die Darstellung der Aufgabe gibt man dem Zuhörer oder Leser einen Einblick in die Ziele und Prioritäten, die in der beschriebenen Situation relevant waren. Außerdem zeigt es, welchen spezifischen Beitrag oder welche Rolle der Erzählende im Kontext der Herausforderung gespielt hat.

Aktion

Der dritte Teil der STAR-Methode ist die Aktion. Hier wird detailliert beschrieben, welche konkreten Schritte unternommen wurden, um die Aufgabe zu bewältigen oder das Ziel zu erreichen. Dieser Teil der Erzählung ist entscheidend, denn er zeigt, wie aktiv und effektiv Probleme angegangen werden. Es ist wichtig, dass man in der Ich-Form spricht, um klar zu machen, welchen Beitrag man persönlich geleistet hat. Dabei sollten die Aktionen so dargestellt werden, dass sie Initiative, Problemlösungskompetenz und Fachwissen widerspiegeln. Außerdem ist es hilfreich, zu erklären, warum bestimmte Entscheidungen getroffen wurden und wie sie zur Lösung der Aufgabe beigetragen haben.

Ergebnis

Der letzte Teil der STAR-Methode ist das Ergebnis. Hier wird der Erfolg der unternommenen Aktionen präsentiert. Es ist wichtig, das Ergebnis quantifizierbar und spezifisch zu machen, um den Erfolg klar zu belegen.

Dies kann durch Zahlen, Prozentwerte oder andere messbare Indikatoren geschehen. Neben der Darstellung des direkten Ergebnisses ist es auch wertvoll, über die langfristigen Auswirkungen oder das Feedback von anderen zu sprechen. Das Ergebnis sollte zeigen, wie die Aktionen zur Lösung der ursprünglichen Aufgabe beigetragen haben und welche Lektionen daraus gelernt wurden.

Anwendungsbereiche
Die STAR-Methode findet breite Anwendung in beruflichen Interviews, wo sie Kandidaten hilft, ihre Erfahrungen und Kompetenzen auf eine Weise zu präsentieren, die ihre Eignung für eine bestimmte Position unterstreicht. In Case Studies ermöglicht sie eine strukturierte Darstellung von Problemlösungsprozessen, die sowohl lehrreich als auch überzeugend ist. In Erfolgsgeschichten bietet sie ein effektives Framework, um den Weg von Herausforderungen zu überwältigenden Ergebnissen zu vermitteln.

Die STAR-Methode ist ein kraftvolles Instrument zur strukturierten Präsentation von Geschichten, die Situationen, Aufgaben, Aktionen und Ergebnisse umfassen. Sie hilft, komplexe Szenarien auf eine klare und nachvollziehbare Weise darzustellen, und fördert die Vermittlung von Kompetenzen und Leistungen. Durch die Anwendung der STAR-Methode können Einzelpersonen in Interviews, Case Studies und Erfolgsgeschichten ihre Erfahrungen und Erfolge wirkungsvoll kommunizieren und dadurch ihre beruflichen und persönlichen Ziele effektiver erreichen.

PPPP: Picture, Promise, Prove, Push

Das PPPP-Modell, das für Picture, Promise, Prove, Push steht, ist eine mächtige Kommunikations- und Marketingstrategie, die darauf abzielt, eine starke und überzeugende Botschaft zu vermitteln, um das Publikum zum Handeln zu bewegen. Diese Methode kann in einer Vielzahl von Kontexten angewendet werden, von Werbung und Verkaufspitches bis hin zu Präsentationen und Überzeugungsreden. Durch den schrittweisen Aufbau der Botschaft führt das PPPP-Modell das Publikum durch einen logischen und emotional ansprechenden Prozess, der darauf abzielt, Engagement und eine positive Reaktion zu fördern.

Picture (Bild)
Der erste Schritt, "Picture", zielt darauf ab, ein lebhaftes und ansprechendes Bild in den Köpfen der Zuhörer oder Leser zu malen. Dieser Schritt nutzt die Kraft der Visualisierung, um eine emotionale Verbindung herzustellen und die Aufmerksamkeit des Publikums zu gewinnen. Indem man eine Szene, ein Szenario oder einen Zustand beschreibt, in dem sich das Publikum wünscht oder vorstellen kann, aktiv zu sein, schafft man eine Basis für die nachfolgende Botschaft. Dies kann durch Geschichten, lebendige Beschreibungen, Metaphern oder visuelle Hilfsmittel erreicht werden. Das Ziel ist es, das Publikum mental in eine Welt zu versetzen, in der die vorgeschlagene Lösung oder Idee bereits Früchte trägt.

Promise (Versprechen)
Nachdem das Interesse geweckt und eine emotionale Verbindung hergestellt wurde, folgt das "Promise". In diesem Schritt macht der Kommunikator ein klares Versprechen darüber, was das Produkt, die Idee oder der Vorschlag leisten wird. Dieses Versprechen sollte konkret, überzeugend und relevant für die Bedürfnisse

und Wünsche des Publikums sein. Es geht darum, den Wert oder den Nutzen zu kommunizieren, den das Publikum erwarten kann, und somit den Wunsch zu wecken, mehr zu erfahren oder sich zu engagieren. Dieser Schritt baut auf dem ersten auf, indem er zeigt, wie das zu Beginn gemalte Bild durch das Angebot oder die Idee Realität werden kann.

Prove (Beweisen)
Der dritte Schritt, "Prove", dient dazu, das im vorherigen Schritt gemachte Versprechen zu untermauern und zu beweisen. Dies kann durch Daten, Fakten, Zeugnisse, Fallstudien oder Demonstrationen geschehen. Der Schlüssel hierbei ist die Glaubwürdigkeit; das Publikum muss überzeugt sein, dass das Versprechen nicht nur leer ist, sondern durch tatsächliche Ergebnisse und Beweise gestützt wird. Dieser Beweis dient dazu, Skepsis abzubauen, Vertrauen aufzubauen und die Überzeugung zu stärken, dass das Angebot oder die Idee tatsächlich den versprochenen Nutzen liefern kann.

Push (Aufforderung zum Handeln)
Zum Abschluss fordert der "Push"-Schritt das Publikum auf, eine Handlung zu vollziehen. Dies ist der entscheidende Moment, in dem man versucht, die durch die ersten drei Schritte aufgebaute Begeisterung und Überzeugung in tatsächliche Aktionen umzusetzen. Der Aufruf zum Handeln sollte klar, direkt und einfach zu befolgen sein. Es kann sich um den Kauf eines Produkts, die Anmeldung für einen Service, das Engagement für eine Ursache oder einfach nur um die Aufforderung handeln, weitere Informationen zu suchen. Dieser Schritt sollte das Publikum mit einem klaren Verständnis dafür zurücklassen, was es als Nächstes tun soll, und ihm das Gefühl geben, dass es dringend und wichtig ist, jetzt zu handeln.

Zusammenfassend ist das PPPP-Modell ein kraftvolles Werkzeug für effektive Kommunikation und Überzeugung. Durch das schrittweise Führen des Publikums von der Visualisierung über das Versprechen und den Beweis bis hin zur Aktion, ermöglicht es, eine starke Verbindung aufzubauen und die gewünschte Reaktion zu erzielen. Jeder Schritt baut auf dem vorherigen auf und verstärkt die Botschaft, was eine tiefgreifende und dauerhafte Wirkung auf das Publikum haben kann.

The 5 Ws: Who, What, When, Where, Why

Die 5 Ws sind eine grundlegende Formel im Journalismus und in der Informationsvermittlung, die dazu dient, Berichte und Nachrichten vollständig und umfassend zu gestalten. Sie umfassen die Fragen Wer, Was, Wann, Wo und Warum. Diese einfache, aber mächtige Struktur hilft Journalisten und Schriftstellern, die wesentlichen Aspekte einer Geschichte oder eines Ereignisses abzudecken, um sicherzustellen, dass das Publikum eine klare und vollständige Vorstellung von dem Geschehen erhält. Die Anwendung der 5 Ws ist nicht nur im Journalismus verbreitet, sondern auch in anderen Bereichen wie der Forschung, dem Bildungswesen und der Polizeiarbeit, wo präzise und vollständige Informationen von Bedeutung sind.

Wer
Die Frage nach dem "Wer" zielt darauf ab, die Personen oder Gruppen zu identifizieren, die in das Ereignis oder die Geschichte involviert sind. Dies umfasst nicht nur die Hauptakteure, sondern auch andere beteiligte oder betroffene Personen. Das "Wer" kann Einzelpersonen,

Organisationen, Regierungen oder jede andere Entität sein, die eine Rolle spielt. Die Identifikation und Beschreibung der beteiligten Parteien ist entscheidend, um dem Leser oder Zuschauer ein klares Bild von den Akteuren zu vermitteln.

Was

Die Frage nach dem "Was" beschreibt das Ereignis, die Handlung oder das Phänomen, über das berichtet wird. Es geht darum, ein klares und präzises Verständnis dessen zu vermitteln, was geschehen ist. Diese Beschreibung sollte detailliert genug sein, um dem Publikum ein vollständiges Verständnis der Situation zu ermöglichen, ohne dabei irrelevant oder übermäßig komplex zu werden. Das "Was" deckt die Ereignisse, Aktionen oder Ergebnisse ab und ist oft der Kern der Berichterstattung.

Wann

Die zeitliche Komponente, das "Wann", gibt Aufschluss über den Zeitpunkt oder den Zeitraum, in dem das Ereignis stattgefunden hat. Dies ist wesentlich für die Kontextualisierung der Geschichte und kann Auswirkungen auf das Verständnis der Ereignisse haben. Die Angabe von Daten, Uhrzeiten oder Zeitrahmen hilft dem Publikum, die Aktualität und Relevanz der Information einzuschätzen. Es trägt auch dazu bei, die Ereignisse in einen breiteren historischen oder chronologischen Zusammenhang zu stellen.

Wo

Das "Wo" bezieht sich auf den Ort oder die Orte, an denen das Ereignis stattgefunden hat. Die geografische Lokalisierung ist entscheidend für das Verständnis der Umstände und kann Einfluss auf die Bedeutung der Ereignisse haben. Die Angabe des Ortes hilft, die Geschichte in einen räumlichen Kontext zu setzen und kann wichtige Hinweise auf die Gründe und Auswirkungen des Geschehens liefern. In manchen Fällen kann der Ort der Geschichte selbst eine zentrale Rolle spielen.

Warum
Die Frage nach dem "Warum" ist oft die komplexeste, aber auch die aufschlussreichste. Sie sucht nach den Ursachen, Gründen oder Motiven hinter den Ereignissen. Das Verständnis des "Warum" kann Aufschluss darüber geben, was die Akteure bewegt hat, handelt es sich doch oft um den Schlüssel zum Verständnis der tieferen Bedeutung und der Konsequenzen der Geschichte. Die Analyse der Ursachen und Beweggründe erfordert oft sorgfältige Recherche und kann Spekulationen beinhalten, sollte aber immer darauf abzielen, auf Fakten basierende Erklärungen zu liefern.

Zusammengefasst bietet die Anwendung der 5 Ws im Journalismus und darüber hinaus ein robustes Gerüst, um sicherzustellen, dass alle wesentlichen Aspekte einer Geschichte oder eines Ereignisses abgedeckt werden. Indem sie auf diese grundlegenden Fragen eingehen, können Autoren und Journalisten ihrem Publikum eine vollständige, präzise und tiefgründige Berichterstattung bieten.

OATH: Oblivious, Apathetic, Thinking, Hurting

OATH ist ein interessantes Konzept, das darauf abzielt, das Publikum nach ihrem Bewusstseinsgrad bezüglich eines spezifischen Problems oder Themas zu segmentieren. Dieser Ansatz kann besonders nützlich sein, um maßgeschneiderte Kommunikationsstrategien zu entwickeln, die darauf abzielen, die unterschiedlichen Gruppen innerhalb eines Publikums effektiv anzusprechen. OATH steht für Oblivious, Apathetic, Thinking, Hurting, was vier unterschiedliche Stadien des Bewusstseins und der Reaktion auf ein bestimmtes Problem darstellt. Lassen Sie uns diese vier Segmente genauer betrachten und untersuchen, wie sie in der Praxis genutzt werden können.

Oblivious (Unwissend)

Das erste Segment, "Oblivious", bezieht sich auf Personen, die sich eines bestimmten Problems oder Themas nicht bewusst sind. Diese Gruppe hat keine Kenntnis von dem Problem, entweder weil sie nie davon gehört haben oder weil es für sie persönlich nicht relevant erscheint. Die Herausforderung bei der Ansprache dieser Gruppe besteht darin, ihr Bewusstsein auf eine Weise zu wecken, die Aufmerksamkeit erregt und Interesse weckt, ohne dabei abschreckend oder belehrend zu wirken.

Apathetic (Apathisch)

Die "Apathetic"-Gruppe ist sich des Problems zwar bewusst, empfindet es jedoch als unbedeutend oder sieht keinen Grund zur Besorgnis. Diese Haltung kann auf verschiedene Faktoren zurückzuführen sein, wie z.B. ein Gefühl der Machtlosigkeit, Desinformation oder einfach eine Diskrepanz zwischen den persönlichen Werten und dem präsentierten Problem. Um diese Gruppe zu erreichen, ist es wichtig, Relevanz herzustellen, indem man aufzeigt, wie das Problem sie persönlich betrifft oder welche Konsequenzen ihr Nicht-Handeln haben könnte.

Thinking (Nachdenklich)

Das dritte Segment, "Thinking", umfasst Personen, die sich des Problems bewusst sind und darüber nachdenken, aber noch nicht zu einer festen Meinung oder Entscheidung gekommen sind. Diese Gruppe ist offen für Informationen und Argumente, die ihnen helfen können, eine fundierte Entscheidung zu treffen. Die Kommunikation mit diesem Segment erfordert eine sorgfältige Balance aus informativen und überzeugenden Elementen, um sie in Richtung einer positiven Handlung zu leiten.

Hurting (Leidend)
Schließlich repräsentiert das "Hurting"-Segment Personen, die direkt von dem Problem betroffen sind und dringend nach Lösungen suchen. Diese Gruppe hat ein tiefes Verständnis für das Problem und ist am ehesten bereit, Maßnahmen zu ergreifen. Die Ansprache dieses Segments erfordert eine empathische Herangehensweise, die Unterstützung und praktische Lösungen bietet, um ihre Situation zu verbessern.

Anwendung von OATH in der Praxis
Die Anwendung des OATH-Konzepts kann in einer Vielzahl von Bereichen nützlich sein, beispielsweise in Marketingkampagnen, öffentlichen Aufklärungskampagnen, politischer Kommunikation und sozialen Bewegungen. Durch das Verständnis, wo sich Individuen im OATH-Spektrum befinden, können Organisationen ihre Botschaften maßschneidern, um maximale Wirkung zu erzielen. Dies kann bedeuten, dass unterschiedliche Strategien und Medien verwendet werden, um jedes Segment anzusprechen, von aufmerksamkeitserregenden Kampagnen, die darauf abzielen, die Unwissenden zu informieren, bis hin zu unterstützenden Ressourcen für diejenigen, die bereits nach Lösungen suchen.

Ein kritisches Element bei der Anwendung von OATH ist das Verständnis, dass Menschen sich nicht statisch in einem Segment befinden. Ihre Wahrnehmung und

Einstellung zu einem Problem kann sich ändern, basierend auf neuen Informationen, persönlichen Erfahrungen oder Veränderungen in ihrem sozialen oder ökologischen Kontext. Deshalb ist es wichtig, flexible und adaptive Kommunikationsstrategien zu entwickeln, die in der Lage sind, Menschen durch die verschiedenen Stadien des Bewusstseins zu begleiten.

Insgesamt bietet das OATH-Konzept einen wertvollen Rahmen für das Verständnis und die Ansprache der vielfältigen Reaktionen des Publikums auf soziale, politische und ökologische Herausforderungen. Durch die gezielte Ansprache der spezifischen Bedürfnisse und Bedenken jedes Segments können Organisationen und Bewegungen ihre Botschaften effektiver übermitteln und letztlich zu positiven Veränderungen beitragen.

SLAP: Stop, Look, Act, Purchase

SLAP steht für Stop, Look, Act, Purchase – eine Methodik, die im Marketing und insbesondere in der Werbung eingesetzt wird, um die Effektivität von Kampagnen zu maximieren. Dieser Ansatz zielt darauf ab, die Konsumenten auf ihrem Weg durch den Entscheidungsprozess gezielt zu begleiten und zu beeinflussen, von der ersten Aufmerksamkeit bis zum endgültigen Kauf. Die vier Phasen des SLAP-Modells bieten einen strukturierten Rahmen, um Inhalte und Botschaften so zu gestalten, dass sie die gewünschten Reaktionen beim Zielpublikum hervorrufen.

Stop: Die Aufmerksamkeit erregen
In einer Welt, in der Konsumenten täglich mit tausenden von Werbebotschaften konfrontiert werden, ist es essentiell, zunächst die Aufmerksamkeit der Zielgruppe

zu gewinnen. Dieser erste Schritt erfordert Kreativität und ein tiefes Verständnis für die Bedürfnisse, Wünsche und das Verhalten der Zielgruppe. Visuelle Elemente, auffällige Schlagworte oder emotionale Appelle können hierbei effektiv eingesetzt werden. Das Ziel ist es, den Fluss der gewohnten Wahrnehmung zu unterbrechen und den "Stop"-Moment zu erzeugen, der die Basis für alle weiteren Schritte legt.

Look: Das Interesse wecken

Nachdem die erste Hürde der Aufmerksamkeit genommen ist, geht es darum, das Interesse der Betrachter zu wecken und zu halten. In dieser Phase ist es wichtig, Inhalte zu liefern, die Relevanz signalisieren und den Nutzen des Angebots klar herausstellen. Das kann durch informative Inhalte, ansprechende Bilder oder überzeugende Argumente geschehen. Ziel ist es, die Neugierde zu steigern und den Wunsch zu wecken, mehr zu erfahren. Dabei sollte die Botschaft präzise und leicht verständlich sein, um den Betrachter nicht zu überfordern oder zu verlieren.

Act: Zur Handlung motivieren

Der dritte Schritt fokussiert darauf, die Zielgruppe zu einer bestimmten Handlung zu motivieren. Dies kann eine Kontaktaufnahme, das Abonnieren eines Newsletters oder das Teilen von Inhalten sein. Wichtig ist, dass die Handlungsaufforderung (Call-to-Action) klar, deutlich und leicht umsetzbar ist. Oft werden Anreize wie Rabatte, exklusive Inhalte oder limitierte Angebote eingesetzt, um die Entscheidung zur Handlung zu erleichtern. In dieser Phase geht es darum, die Brücke zwischen dem Interesse und der tatsächlichen Handlung zu schlagen.

Purchase: Zum Kauf bewegen

Letztlich zielt das SLAP-Modell darauf ab, den Interessenten zum Kauf zu bewegen. Hierbei ist es entscheidend, dass der Kaufprozess so einfach und reibungslos wie möglich gestaltet wird. Dazu gehören eine intuitive Navigation, transparente Informationen über Kosten und Lieferbedingungen sowie verschiedene Zahlungsmöglichkeiten. Ein Vertrauensaufbau durch Kundenbewertungen, Gütesiegel oder eine klare Kommunikation über Datenschutz ist ebenfalls förderlich. In dieser Phase wird der Erfolg des gesamten Prozesses sichtbar, indem das Interesse in eine tatsächliche Kaufhandlung umgesetzt wird.

Das SLAP-Modell bietet einen umfassenden Rahmen, um Werbe- und Marketingstrategien zu entwickeln, die effektiv die Aufmerksamkeit erregen, das Interesse wecken, zur Handlung motivieren und letztendlich zum Kauf führen. Durch die gezielte Ansprache und Führung der Konsumenten entlang dieses Prozesses können Unternehmen ihre Konversionsraten verbessern und langfristig erfolgreich sein. Wichtig ist dabei, dass jede Phase sorgfältig geplant und auf die vorherige abgestimmt wird, um ein kohärentes und überzeugendes Nutzererlebnis zu schaffen.

IDCA: Interest, Desire, Conviction, Action

Das IDCA-Modell ist eine Marketing- und Vertriebsstrategie, die darauf abzielt, effektive Kommunikationsmaßnahmen zu gestalten, um Kunden durch den gesamten Prozess der Entscheidungsfindung zu führen, von der ersten Aufmerksamkeit bis zur letztendlichen Handlung. Es steht für Interest (Interesse), Desire (Wunsch), Conviction (Überzeugung) und Action (Handlung). Dieses Modell baut auf dem Grundgerüst des bekannteren AIDA-Modells auf, fügt jedoch eine entscheidende Komponente hinzu – die Überzeugung –, um die Wahrscheinlichkeit eines erfolgreichen Abschlusses zu erhöhen.

Interest (Interesse)
Der erste Schritt im IDCA-Prozess ist die Schaffung von Interesse. In dieser Phase geht es darum, die Aufmerksamkeit des potenziellen Kunden zu wecken. Unternehmen nutzen verschiedene Marketinginstrumente und -kanäle, um ihr Produkt oder ihre Dienstleistung bekannt zu machen und das Interesse der Zielgruppe zu wecken. Hierbei ist es wichtig, auf die Bedürfnisse und Probleme der Zielgruppe einzugehen und deutlich zu machen, wie das Angebot zur Lösung beitragen kann. Dieser Schritt ist grundlegend, da ohne das Interesse des Kunden keine weitere Beschäftigung mit dem Angebot stattfinden würde.

Desire (Wunsch)
Sobald das Interesse geweckt ist, geht es im nächsten Schritt darum, dieses Interesse in einen konkreten Wunsch umzuwandeln. In dieser Phase des IDCA-Modells arbeiten Marketing- und Vertriebsteams daran, die Vorteile und den Wert ihres Angebots hervorzuheben, um

bei den potenziellen Kunden ein Verlangen zu schaffen. Die Kommunikation konzentriert sich darauf, emotionale Bindungen aufzubauen und den Nutzern klar zu machen, wie das Produkt oder die Dienstleistung ihr Leben verbessern kann. Es ist die Phase, in der die Kunden beginnen, sich vorzustellen, wie es wäre, das Produkt zu besitzen oder die Dienstleistung in Anspruch zu nehmen.

Conviction (Überzeugung)
Die Überzeugungsphase ist das Herzstück des IDCA-Modells und der Hauptunterschied zum AIDA-Modell. In dieser Phase geht es darum, die potenziellen Kunden davon zu überzeugen, dass das Produkt oder die Dienstleistung die beste Lösung für ihre Bedürfnisse ist. Dies wird oft durch das Bereitstellen von Beweisen, Testimonials, Fallstudien, Demonstrationen oder garantierten Ergebnissen erreicht. Die Überzeugungskraft dieser Phase liegt darin, Zweifel auszuräumen und das Vertrauen in die Entscheidung zu stärken, die das Produkt oder die Dienstleistung betrifft. Dies ist ein kritischer Schritt, da er direkt die Bereitschaft des Kunden beeinflusst, zur nächsten Phase überzugehen – der Handlung.

Action (Handlung)
Die letzte Phase des IDCA-Modells ist die Aktion. Nachdem Interesse und Wunsch geweckt sowie die Überzeugung gefestigt wurde, zielt diese Phase darauf ab, die potenziellen Kunden zu einer konkreten Handlung zu bewegen. Das kann der Kauf eines Produkts, die Anmeldung für eine Dienstleistung oder eine andere gewünschte Aktion sein. In dieser Phase ist es wichtig, den Prozess so einfach und reibungslos wie möglich zu gestalten, etwa durch klare Handlungsaufforderungen (Call-to-Action), einfache Bestellprozesse oder spezielle Angebote.

Das IDCA-Modell unterstreicht die Bedeutung der Überzeugungsarbeit im Verkaufsprozess und bietet einen detaillierten Rahmen für die Entwicklung effektiver Marketingstrategien. Indem es über das Erwecken von Interesse und Wunsch hinausgeht und einen starken Fokus auf die Überzeugung legt, bevor es zur Handlungsaufforderung kommt, ermöglicht IDCA den Unternehmen, tiefere und dauerhaftere Beziehungen zu ihren Kunden aufzubauen und letztendlich erfolgreicher zu sein.

The 4 P's: Picture, Promise, Prove, Push

Die 4 P's: Picture, Promise, Prove, Push, sind eine kraftvolle Strategie im Marketing und in der Kommunikation, die darauf abzielt, eine überzeugende Botschaft zu vermitteln, die den Empfänger nicht nur erreicht, sondern auch zum Handeln bewegt. Diese Methode ist eine Variation der bekannten PPPP-Formel, die in verschiedenen Bereichen wie Werbung, Verkaufspräsentationen und allgemeiner Überzeugungsarbeit Anwendung findet. Im Folgenden werden wir jeden der 4 P's detailliert betrachten und erläutern, wie sie zusammenwirken, um effektive und einprägsame Botschaften zu kreieren.

Picture: Ein mentales Bild malen
Der erste Schritt, "Picture", betont die Wichtigkeit, bei der Zielgruppe ein lebhaftes mentales Bild zu erzeugen. Dieser Schritt geht über bloße Worte hinaus, um eine Szene zu malen, die den Betrachter emotional anspricht und seine Vorstellungskraft anregt. Indem man ein Bild im Kopf des Betrachters erschafft, wird eine tiefere Ebene der Verbindung und des Verständnisses erreicht, die

reine Daten oder Fakten allein nicht bieten können. Dies kann durch erzählerische Elemente, visuelle Darstellungen oder durch Beschreibungen erreicht werden, die auf den Erfahrungen und Wünschen der Zielgruppe basieren. Ein effektiv gemaltes Bild kann den Grundstein für die gesamte Botschaft legen, indem es Aufmerksamkeit erregt und das Interesse weckt.

Promise: Ein Versprechen geben
Nachdem ein mentales Bild etabliert wurde, folgt das "Promise", das Versprechen. Hier wird der Kernwert oder der Nutzen, den das Produkt, die Dienstleistung oder die Idee bietet, klar kommuniziert. Das Versprechen muss stark, überzeugend und vor allem realisierbar sein. Es geht darum, der Zielgruppe zu zeigen, welchen konkreten Vorteil sie durch eine Handlung oder Entscheidung erlangen kann. Das Versprechen sollte direkt an die Bedürfnisse und Wünsche der Zielgruppe angepasst sein und eine Lösung für ein bestehendes Problem oder eine Verbesserung ihrer aktuellen Situation bieten. Dieser Schritt erfordert Klarheit und Ehrlichkeit, um Glaubwürdigkeit und Vertrauen aufzubauen.

Prove: Das Versprechen beweisen
Nachdem das Versprechen abgegeben wurde, ist es entscheidend, dieses mit "Prove", dem Beweis, zu untermauern. In diesem Schritt geht es darum, Glaubwürdigkeit und Vertrauen durch den Nachweis zu stärken, dass das Versprechen eingehalten werden kann. Dies kann durch Kundenbewertungen, Fallstudien, wissenschaftliche Daten, Expertenmeinungen oder Demonstrationen erfolgen. Der Beweis dient dazu, Skepsis zu überwinden und die Zielgruppe davon zu überzeugen, dass das Angebot real und die versprochenen Ergebnisse erreichbar sind. Eine starke Beweisführung bildet das Rückgrat einer jeden

überzeugenden Botschaft, indem sie Zweifel beseitigt und die Argumentation festigt.

Push: Zum Handeln drängen

Der letzte Schritt, "Push", beinhaltet das Drängen zum Handeln. Nachdem das Bild gemalt, das Versprechen gemacht und bewiesen wurde, ist es nun an der Zeit, die Zielgruppe zu einer Aktion zu bewegen. Dies kann eine Kaufaufforderung sein, die Registrierung für einen Newsletter, die Teilnahme an einer Veranstaltung oder jede andere gewünschte Handlung. Der "Push" sollte motivierend und klar sein, mit einem eindeutigen Aufruf zum Handeln (Call-to-Action). Dieser Schritt ist entscheidend, da er die gesamte vorherige Arbeit konkretisiert und in tatsächliche Ergebnisse umwandelt. Der Aufruf zum Handeln muss leicht verständlich, einfach umzusetzen und möglichst dringlich sein, um die Zielgruppe effektiv zur Handlung zu bewegen.

Die 4 P's - Picture, Promise, Prove, Push - bieten einen umfassenden Rahmen für die Erstellung überzeugender Botschaften, die nicht nur informieren, sondern auch zum Handeln anregen. Diese Methode berücksichtigt die psychologischen Aspekte der Überzeugung und nutzt die Kraft von Bildern, Versprechen, Beweisen und direkten Handlungsaufforderungen, um tiefe und dauerhafte Eindrücke zu hinterlassen. Durch die Anwendung dieser Schritte können Marketer und Kommunikatoren ihre Botschaften effektiver gestalten und ihre Ziele erreichen.

Diese Formeln bieten einen strukturierten Ansatz, um vielseitige und effektive Copywriting-Texte zu erstellen. Der Schlüssel liegt darin, die richtige Formel für die jeweilige Aufgabe und Zielgruppe auszuwählen und sie kreativ anzupassen.

Psychologische Trigger im Copywriting

Anwendung psychologischer Prinzipien

Die Anwendung psychologischer Prinzipien im Copywriting ist ein wesentliches Element, um effektive und überzeugende Inhalte zu erstellen. Diese Prinzipien basieren auf dem Verständnis menschlicher Verhaltensweisen und Entscheidungsfindungsprozesse. Durch ihre gezielte Nutzung können Copywriter die Aufmerksamkeit des Publikums gewinnen, emotionale Reaktionen hervorrufen und letztlich zum Handeln motivieren. Im Folgenden werden einige zentrale psychologische Trigger und Prinzipien erörtert, die im Copywriting häufig zur Anwendung kommen.

Reziprozität
Das Prinzip der Reziprozität besagt, dass Menschen dazu neigen, eine Geste oder ein Geschenk zu erwidern. Im Marketingkontext kann dies bedeuten, dass Unternehmen kostenlose Proben, wertvolle Informationen oder Zugang zu exklusiven Inhalten anbieten. Diese Großzügigkeit erzeugt bei den Empfängern ein Gefühl der Verpflichtung, etwas zurückzugeben, sei es in Form eines Kaufs, einer Weiterempfehlung oder einer anderen Form der Unterstützung.

Sozialer Beweis
Sozialer Beweis ist ein mächtiges Werkzeug, um Vertrauen und Glaubwürdigkeit aufzubauen. Menschen schauen auf das Verhalten und die Meinungen anderer, um ihre eigenen Entscheidungen zu treffen.

Testimonials, Kundenbewertungen, Fallstudien und Influencer-Meinungen sind Formen des sozialen Beweises, die im Copywriting genutzt werden, um potenzielle Kunden zu überzeugen. Der Einsatz sozialen Beweises signalisiert, dass ein Produkt oder eine Dienstleistung anerkannt und wertgeschätzt wird.

Autorität

Das Prinzip der Autorität basiert auf der Tendenz, Experten oder Autoritätspersonen zu vertrauen und ihren Empfehlungen zu folgen. Durch die Einbindung von Expertenmeinungen, Zertifizierungen und Auszeichnungen in die Inhalte können Copywriter die Überzeugungskraft ihrer Botschaften verstärken. Die Darstellung von Fachwissen und Glaubwürdigkeit ermutigt die Zielgruppe, den präsentierten Informationen mehr Gewicht zu geben.

Knappheit und Dringlichkeit

Wie bereits erwähnt, sind Knappheit und Dringlichkeit effektive psychologische Auslöser, die ein Gefühl der Eile und des Verpassens erzeugen. Sie beruhen auf der Angst, eine gute Gelegenheit zu verlieren. Durch die Betonung begrenzter Verfügbarkeit oder eines nahenden Angebotsendes motivieren diese Trigger schnelle Entscheidungen und Handlungen.

Sympathie

Die Sympathie oder das Mögen ist ein weiteres wichtiges Prinzip. Menschen sind eher geneigt, von Personen oder Marken zu kaufen, die sie mögen oder mit denen sie sich identifizieren können. Copywriting, das eine positive, freundliche und einladende Sprache verwendet oder Gemeinsamkeiten und geteilte Werte betont, kann die Sympathie fördern. Geschichten und Anspielungen, die Emotionen wecken, sind ebenfalls effektive Mittel, um eine Verbindung zum Publikum herzustellen.

Konsistenz und Commitment

Menschen streben nach Konsistenz in ihren Überzeugungen und Handlungen. Einmal getroffene Entscheidungen oder zugesagte Verpflichtungen dienen als Ankerpunkte für zukünftiges Verhalten. Im Copywriting kann dieses Prinzip genutzt werden, indem man das Publikum zunächst zu einer kleinen Handlung auffordert, wie zum Beispiel sich für einen Newsletter anzumelden. Dies kann die Wahrscheinlichkeit erhöhen, dass diese Personen sich später zu weiteren, größeren Verpflichtungen bereit erklären.

Anwendung dieser Prinzipien

Die Anwendung dieser psychologischen Prinzipien erfordert Feingefühl und ethische Überlegungen. Es ist wichtig, die Zielgruppe genau zu kennen und Inhalte zu schaffen, die echten Wert bieten. Übermäßiger oder manipulativer Einsatz kann das Gegenteil bewirken und das Vertrauen in eine Marke untergraben. Authentizität, Transparenz und der Fokus auf die Bedürfnisse und Wünsche der Zielgruppe sind entscheidend für den erfolgreichen Einsatz psychologischer Trigger im Copywriting.

Erzeugung von Dringlichkeit und Knappheit

Psychologische Trigger im Copywriting sind entscheidende Elemente, um die Aufmerksamkeit und das Engagement des Publikums zu gewinnen sowie zum Handeln zu motivieren. Zwei besonders wirkungsvolle Trigger sind die Erzeugung von Dringlichkeit und Knappheit. Diese Techniken können, wenn sie geschickt eingesetzt werden, das Verhalten und die Entscheidungsprozesse der Zielgruppe maßgeblich beeinflussen.

Dringlichkeit
Dringlichkeit im Copywriting zielt darauf ab, ein Gefühl der Eile bei den Lesern zu erzeugen. Der Schlüssel liegt darin, den Lesern zu vermitteln, dass sie schnell handeln müssen, um einen Verlust zu vermeiden oder einen Vorteil zu erlangen. Dieses Gefühl der Dringlichkeit kann durch verschiedene Ansätze erreicht werden:

Zeitlich begrenzte Angebote: Durch die Betonung, dass ein Angebot nur für eine begrenzte Zeit verfügbar ist, wird den Lesern das Gefühl vermittelt, dass sie schnell handeln müssen. Phrasen wie "Nur heute!" oder "Angebot endet in 24 Stunden!" sind klassische Beispiele.
Begrenzte Verfügbarkeit von Produkten: Wenn Leser glauben, dass ein Produkt nur in begrenzter Menge verfügbar ist, fühlen sie sich gedrängt, schnell zu kaufen, um nicht leer auszugehen.
Erinnerungen an letzte Chancen: Durch die Kommunikation, dass die Zeit abläuft oder dass dies die letzte Möglichkeit ist, etwas zu erwerben, wird das Bedürfnis geschaffen, sofort zu handeln.
Knappheit

Knappheit, eng verwandt mit Dringlichkeit, nutzt das Prinzip, dass Menschen dazu neigen, Dinge höher zu bewerten, die als selten oder schwer zu bekommen wahrgenommen werden. Im Copywriting wird Knappheit oft durch folgende Methoden erzeugt:

Begrenzte Stückzahl: Indem explizit erwähnt wird, dass nur eine begrenzte Anzahl von Produkten verfügbar ist, wird der Wert des Produkts in den Augen der Leser erhöht.

Exklusive Angebote: Angebote, die als exklusiv für eine bestimmte Gruppe oder Situation beworben werden, erzeugen das Gefühl, zu einem auserwählten Kreis zu gehören, und fördern den Wunsch, diese Gelegenheit nicht zu verpassen.

Vergleich von Knappheit und Wert: Oft wird Knappheit direkt mit dem Wert eines Produktes oder Angebotes verknüpft, indem argumentiert wird, dass die Knappheit ein Indikator für hohe Nachfrage und damit für Qualität ist.

Effektive Anwendung

Für den effektiven Einsatz von Dringlichkeit und Knappheit im Copywriting ist es wichtig, ein Gleichgewicht zu finden, das glaubwürdig und nicht manipulativ wirkt. Einige Strategien hierfür sind:

Authentizität: Angebote sollten echt sein. Künstliche Dringlichkeit oder erfundene Knappheit kann das Vertrauen in die Marke untergraben.

Klarheit: Die Kommunikation muss klar und deutlich sein, um Missverständnisse zu vermeiden und den Kunden genau zu informieren, was erwartet wird.

Relevanz: Die Nutzung von Dringlichkeit und Knappheit sollte für das Angebot relevant sein. Nicht jedes Produkt oder jede Dienstleistung eignet sich für diese Art von Marketing.

Psychologische Trigger wie Dringlichkeit und Knappheit sind mächtige Werkzeuge im Arsenal des Copywritings. Sie spielen mit grundlegenden menschlichen Verhaltensweisen und Entscheidungsprozessen, um Handlungen zu motivieren. Wenn diese Techniken jedoch missbraucht werden, können sie das Gegenteil bewirken und das Vertrauen der Kunden beschädigen. Ein verantwortungsvoller Einsatz, der Wert und Relevanz für den Kunden in den Vordergrund stellt, ist daher entscheidend für den Erfolg.

A/B-Tests und Optimierung

Einführung in A/B-Tests

A/B-Tests, eine zentrale Methode im digitalen Marketing und Copywriting, bieten eine systematische Herangehensweise zur Steigerung der Website-Effektivität und Optimierung der Benutzererfahrung. Diese Methode ist entscheidend für die Verbesserung der Konversionsraten, die Steigerung der Nutzerinteraktion und letztendlich für den Erfolg digitaler Kampagnen. In diesem Kontext dient die Einführung in A/B-Tests als Grundlage für ein tiefes Verständnis der Prozesse und Strategien, die erforderlich sind, um die Leistung digitaler Inhalte kontinuierlich zu verbessern.

Was sind A/B-Tests?
A/B-Tests, auch Split-Tests genannt, sind ein experimentelles Verfahren, bei dem zwei Versionen einer Webseite oder eines einzelnen Elements innerhalb einer Webseite (wie zum Beispiel eine Überschrift, ein Bild oder ein Call-to-Action-Button) gegenübergestellt werden, um zu ermitteln, welche Variante die besseren Ergebnisse liefert. Diese Ergebnisse können sich auf verschiedene Kennzahlen beziehen, einschließlich, aber nicht beschränkt auf die Konversionsrate, die Klickrate (CTR), die Verweildauer auf der Seite oder die Anzahl der generierten Leads.

Der Prozess der Durchführung von A/B-Tests
Der A/B-Testprozess beginnt mit der Identifizierung eines Ziels oder einer Herausforderung. Dies könnte beispielsweise die Verbesserung der Anmeldequote für einen Newsletter oder die Steigerung der Downloads eines Whitepapers sein. Sobald das Ziel klar definiert ist, wird eine Hypothese formuliert, die auf einer Annahme

basiert, wie eine bestimmte Änderung die Leistung verbessern könnte.

Anschließend werden zwei Versionen erstellt: die Kontrollversion (A) und die Testversion (B). Die Kontrollversion repräsentiert das aktuelle Design oder den aktuellen Inhalt, während die Testversion die Veränderung beinhaltet, die auf ihre Wirksamkeit geprüft werden soll. Es ist entscheidend, dass sich die beiden Versionen nur in einem einzigen Element unterscheiden, um sicherzustellen, dass jegliche Unterschiede in der Leistung direkt auf die vorgenommene Änderung zurückgeführt werden können.

Die nächste Phase ist die Durchführung des Tests, bei dem der Traffic zufällig auf die beiden Varianten verteilt wird. Die Datenerfassung und -analyse erfolgt in Echtzeit, wobei Tools wie Google Analytics oft zum Einsatz kommen, um die Interaktion der Benutzer mit jeder Variante zu messen und zu vergleichen.

Die Bedeutung von A/B-Tests im Copywriting
Im Bereich des Copywriting sind A/B-Tests besonders wertvoll, da sie Einblicke in die Vorlieben und Verhaltensweisen der Zielgruppe bieten. Durch das Testen verschiedener Überschriften, Textlängen, Tonalitäten oder Aufrufe zum Handeln (CTAs) können Copywriter verstehen, welche Elemente am stärksten resonieren und die gewünschten Aktionen der Nutzer fördern. Diese Erkenntnisse ermöglichen es, Inhalte präziser auf die Bedürfnisse und Wünsche der Zielgruppe auszurichten, was wiederum die Effektivität der gesamten Kommunikation erhöht.

Herausforderungen bei A/B-Tests
Trotz ihrer Effektivität stellen A/B-Tests auch Herausforderungen dar. Eine der größten

Herausforderungen ist die Notwendigkeit einer signifikanten Menge an Traffic, um statistisch signifikante Ergebnisse zu erzielen. Kleinere Websites oder solche mit begrenztem Traffic könnten Schwierigkeiten haben, aussagekräftige Daten zu sammeln. Zudem erfordert die Durchführung von A/B-Tests eine sorgfältige Planung, eine präzise Hypothesenbildung und eine detaillierte Analyse, um Fehlinterpretationen der Daten zu vermeiden.

A/B-Tests sind ein unverzichtbares Werkzeug im Arsenal jedes digitalen Marketers und Copywriters. Sie bieten eine fundierte Methode, um die Wirksamkeit von Webinhalten zu messen und zu optimieren, basierend auf tatsächlichen Benutzerdaten statt auf Vermutungen. Durch die kontinuierliche Anwendung von A/B-Tests können Unternehmen ihre digitalen Strategien verfeinern, die Benutzererfahrung verbessern und letztlich ihre Geschäftsziele effektiver erreichen. Der Schlüssel zum Erfolg liegt in der sorgfältigen Planung, Durchführung und Analyse jedes Tests, um sicherzustellen, dass jede Entscheidung datengesteuert ist.

Iterative Verbesserungen und Messung

A/B-Tests und Optimierung spielen eine entscheidende Rolle im digitalen Marketing und Copywriting, insbesondere wenn es darum geht, die Effektivität von Inhalten zu maximieren und die Konversionsraten zu verbessern. Diese Methoden basieren auf dem Prinzip der iterativen Verbesserungen und einer genauen Messung der Ergebnisse, um fundierte Entscheidungen über die beste Strategie für eine Website, eine Kampagne oder eine bestimmte Zielseite zu treffen.

A/B-Tests: Die Grundlagen
A/B-Testing, auch bekannt als Split-Testing, ist eine Methode, bei der zwei Versionen einer Webseite oder eines Elements innerhalb der Seite gegenübergestellt werden, um zu bestimmen, welche Version die besseren Leistungsindikatoren aufweist. Diese Indikatoren können Klickrate (CTR), Konversionsrate, Verweildauer auf der Seite, oder andere relevante Metriken umfassen. Der Schlüssel zum A/B-Testing liegt in der Isolation einer einzigen Variablen zur Änderung (z.B. eine Überschrift, ein Bild oder ein Call-to-Action-Button), während alle anderen Faktoren gleich gehalten werden, um sicherzustellen, dass die Ergebnisse aussagekräftig sind.

Die Bedeutung der Optimierung
Die Optimierung im Kontext von A/B-Testing und Copywriting bedeutet die stetige Anpassung und Verfeinerung von Webinhalten, um die bestmöglichen Ergebnisse zu erzielen. Dies kann die Anpassung von Texten, das Layout der Seite, die Farbwahl oder sogar die Navigationselemente umfassen. Der Optimierungsprozess ist unendlich, da sich Zielgruppen, Technologien und Markttrends ständig weiterentwickeln.

Daher ist es wichtig, kontinuierlich Daten zu sammeln und zu analysieren, um Verbesserungsmöglichkeiten zu identifizieren.

Iterative Verbesserungen

Iterative Verbesserungen beziehen sich auf den Prozess der schrittweisen Verfeinerung durch wiederholte A/B-Tests und Optimierungen. Anstatt große, umfassende Änderungen vorzunehmen, konzentriert sich dieser Ansatz auf kleinere, messbare Anpassungen, die im Laufe der Zeit vorgenommen werden. Diese Methode ermöglicht es, die Auswirkungen jeder Änderung genau zu messen und auf der Grundlage von Daten statt Vermutungen zu optimieren. Durch iteratives Vorgehen kann ein Unternehmen flexibel auf Veränderungen reagieren und kontinuierlich Verbesserungen vornehmen, um die bestmöglichen Ergebnisse zu erzielen.

Messung und Analyse

Die Messung der Leistung ist ein kritischer Aspekt bei der Durchführung von A/B-Tests und der darauf folgenden Optimierung. Ohne eine präzise Analyse der gesammelten Daten wäre es unmöglich zu wissen, welche Version besser abschneidet und warum. Tools wie Google Analytics, Heatmaps und Benutzerverhaltensaufzeichnungen bieten tiefe Einblicke in das Verhalten der Nutzer auf einer Webseite. Diese Daten ermöglichen es, fundierte Entscheidungen über Änderungen und Anpassungen zu treffen, die vorgenommen werden sollten.

A/B-Tests und Optimierung sind unverzichtbare Bestandteile einer erfolgreichen digitalen Marketingstrategie. Durch die Anwendung von iterativen Verbesserungen und einer genauen Messung der Ergebnisse können Unternehmen ihre Online-Präsenz stärken, die Benutzererfahrung verbessern und letztendlich ihre Konversionsraten steigern. Dieser Prozess erfordert Geduld, Präzision und ein tiefes Verständnis für die Zielgruppe, um erfolgreich zu sein. Die kontinuierliche Anwendung dieser Praktiken führt zu einer ständigen Verbesserung, die den langfristigen Erfolg sichert.

Copywriting für verschiedene Medien

Copywriting für verschiedene Medien ist ein facettenreicher Bereich, der spezifische Fähigkeiten und Strategien erfordert, je nachdem, über welches Medium kommuniziert wird. In der heutigen digital dominierten Welt müssen Copywriter nicht nur traditionelle Medien wie Print berücksichtigen, sondern auch digitale Plattformen wie Websites, soziale Medien und E-Mails. Die Herausforderung besteht darin, eine Marke, Produkt oder Dienstleistung über diese verschiedenen Kanäle hinweg konsistent und effektiv zu präsentieren, wobei die einzigartigen Eigenschaften jedes Mediums genutzt werden.

Traditionelle Medien
Traditionelle Medien, einschließlich Printwerbung, Fernseh- und Radiowerbung, erfordern einen Ansatz, der auf der unmittelbaren Aufmerksamkeit des Publikums aufbaut. Hier ist die Botschaft oft direkt und wird durch visuelle oder akustische Elemente verstärkt.

Printwerbung (Zeitschriften, Zeitungen, Broschüren): Die Kunst des Copywritings für Printmedien liegt in der Fähigkeit, mit einer begrenzten Menge an Text eine Geschichte zu erzählen. Die Botschaft muss präzise sein und gleichzeitig genug Interesse wecken, um den Leser zum Handeln zu bewegen. Visuelle Elemente spielen eine unterstützende Rolle, um den Text zu ergänzen und die Gesamtbotschaft zu verstärken.

Fernseh- und Radiowerbung: Diese Formate bieten die Möglichkeit, eine emotionale Verbindung durch Ton, Musik und Stimme aufzubauen. Ein effektives Skript muss in der Lage sein, innerhalb weniger Sekunden Aufmerksamkeit zu erregen und eine klare, überzeugende Nachricht zu vermitteln. Die

Herausforderung besteht darin, kreativ und einprägsam zu sein, um in der Erinnerung der Zuhörer oder Zuschauer zu bleiben.

Digitale Medien
Im digitalen Bereich sind die Anforderungen an das Copywriting vielfältiger. Jede Plattform hat ihre eigenen Regeln und das Publikum hat unterschiedliche Erwartungen.

Websites: Gutes Website-Copywriting verbessert nicht nur die Benutzererfahrung, sondern spielt auch eine entscheidende Rolle für die Suchmaschinenoptimierung (SEO). Die Inhalte müssen informativ, leicht zu lesen und für Suchmaschinen optimiert sein, um eine hohe Platzierung in den Suchergebnissen zu erreichen. Die Herausforderung besteht darin, gleichzeitig informativ, überzeugend und für die Zielgruppe relevant zu sein.

Soziale Medien: Copywriting für soziale Medien erfordert eine direkte, persönliche Ansprache und die Fähigkeit, in wenigen Worten zu überzeugen. Jede Plattform hat ihren eigenen Stil und Ton – von der Formalität von LinkedIn bis zur Lockerheit von Twitter. Der Schlüssel liegt in der Kürze, Engagement und der Nutzung von visuellen Elementen, um die Botschaft zu verstärken.

E-Mail-Marketing: Personalisierung und Relevanz sind entscheidend für effektives E-Mail-Copywriting. Die Herausforderung besteht darin, die Aufmerksamkeit in einem überfüllten Posteingang zu erregen und den Empfänger dazu zu bewegen, die E-Mail zu öffnen und zu lesen. Die Botschaft muss klar, auf den Punkt und mit einem starken Call-to-Action versehen sein, um die Leser zum nächsten Schritt zu bewegen.

Anpassung an das Medium

Die Anpassung des Copywritings an das jeweilige Medium erfordert ein tiefes Verständnis für die Art und Weise, wie das Publikum Inhalte konsumiert. Dies beinhaltet:

Verständnis der Zielgruppe: Jedes Medium zieht möglicherweise eine andere demografische Gruppe an. Ein tiefes Verständnis der Zielgruppe ist entscheidend, um die Botschaft entsprechend anzupassen.

Berücksichtigung der Plattformbesonderheiten: Jede Plattform hat ihre eigenen Einschränkungen und Möglichkeiten (z.B. Textlänge, Einsatz von Hashtags, Interaktivität). Das Copywriting muss diese Faktoren berücksichtigen, um effektiv zu sein.

Messung und Anpassung: Die Reaktion des Publikums auf verschiedene Medien kann durch Analysen gemessen werden. Diese Daten bieten wertvolle Einblicke, um Inhalte anzupassen und zu optimieren.

Zusammenfassend erfordert effektives Copywriting für verschiedene Medien eine Kombination aus Kreativität, strategischem Denken und einem tiefen Verständnis für das jeweilige Medium und seine Zielgruppe. Indem man die einzigartigen Eigenschaften jedes Kanals berücksichtigt und Inhalte entsprechend anpasst, können Marken eine kohärente, ansprechende und wirkungsvolle Botschaft über alle Medien hinweg vermitteln.

Anpassungen für Print, Web und mobile Plattformen

Copywriting für verschiedene Medien erfordert ein tiefgreifendes Verständnis darüber, wie Zielgruppen Inhalte konsumieren und interagieren, abhängig vom Medium. Die Anpassung der Copy an Print, Web und mobile Plattformen ist entscheidend, um die gewünschte Wirkung zu erzielen. Jedes dieser Medien hat seine eigenen Nuancen, die berücksichtigt werden müssen, um effektive und ansprechende Inhalte zu erstellen.

Copywriting für Printmedien
Printmedien, wie Zeitschriften, Zeitungen, Broschüren und Plakate, verlangen nach einem Copywriting-Ansatz, der Langlebigkeit und direkte Wirkung berücksichtigt. Da die Inhalte in Printmedien nicht so leicht geändert werden können wie online, muss die Botschaft von Beginn an klar und überzeugend sein.

Klarheit und Präzision: Die Botschaft muss auf den Punkt gebracht werden. Es gibt oft begrenzten Platz, was bedeutet, dass jedes Wort zählen muss.
Visuelle Elemente: In Printmedien arbeitet das Copywriting eng mit visuellen Elementen zusammen, um Aufmerksamkeit zu erregen und die Botschaft zu verstärken. Die Wahl der Bilder und das Layout spielen eine wichtige Rolle.
Zielgruppenspezifisch: Die Inhalte müssen auf die spezifischen Interessen und Bedürfnisse der Zielgruppe zugeschnitten sein. Dies erfordert eine gründliche Recherche und ein tiefes Verständnis der Leser.
Aufruf zum Handeln: Ein starker und klarer Aufruf zum Handeln (CTA) ist entscheidend, um den Leser zur nächsten Aktion zu bewegen, sei es ein Besuch einer Webseite, ein Anruf oder der Kauf eines Produkts.

Copywriting für das Web

Das Web bietet eine dynamische Plattform für Inhalte, die schnell aktualisiert und angepasst werden können. Web-Content muss nicht nur die Zielgruppe ansprechen, sondern auch für Suchmaschinen optimiert sein.

SEO-Optimierung: Die Verwendung relevanter Keywords und Meta-Tags hilft, die Sichtbarkeit in Suchmaschinenergebnissen zu verbessern. Dabei ist ein Gleichgewicht wichtig, um sowohl Suchmaschinen als auch echte Leser anzusprechen.

Interaktivität und Engagement: Web-Content profitiert von interaktiven Elementen wie Links, Videos und Infografiken, die das Engagement fördern und zusätzlichen Wert bieten.

Lesbarkeit: Kurze Absätze, Zwischenüberschriften und Aufzählungslisten verbessern die Lesbarkeit. Die Aufmerksamkeitsspanne online ist oft kürzer, daher ist es wichtig, die Informationen leicht verdaulich zu gestalten.

Anpassung an verschiedene Formate: Web-Inhalte müssen für verschiedene Geräte, wie Desktops, Tablets und Smartphones, optimiert werden. Responsive Design und mobile Optimierung sind entscheidend.

Copywriting für mobile Plattformen

Mit der zunehmenden Nutzung von Smartphones und Tablets ist die Optimierung von Inhalten für mobile Geräte wichtiger denn je. Das mobile Erlebnis muss nahtlos und benutzerfreundlich sein.

Kürze und Einfachheit: Auf kleinen Bildschirmen ist weniger Platz verfügbar, was bedeutet, dass die Botschaft schnell und einfach vermittelt werden muss.

Schnelle Ladezeiten: Bilder und andere Medien müssen für schnelle Ladezeiten optimiert werden, um die Benutzererfahrung nicht zu beeinträchtigen.

Touchscreen-Freundlichkeit: Interaktive Elemente, wie Buttons und Links, müssen groß genug sein, um leicht mit dem Finger bedient werden zu können.
Geolokalisierung: Mobile Geräte bieten die Möglichkeit, Inhalte basierend auf dem Standort des Nutzers zu personalisieren, was für lokale Marketingstrategien genutzt werden kann.

Zusammenfassend lässt sich sagen, dass effektives Copywriting über verschiedene Medien hinweg eine sorgfältige Anpassung erfordert, um die jeweiligen Stärken und Einschränkungen zu berücksichtigen. Die Entwicklung von zielgerichteten, ansprechenden und optimierten Inhalten für Print, Web und mobile Plattformen ist entscheidend, um die gewünschten Ergebnisse in der heutigen vielfältigen Medienlandschaft zu erzielen.

Cross-Channel-Marketingstrategien

Copywriting für verschiedene Medien und Cross-Channel-Marketingstrategien sind zwei zentrale Aspekte moderner Marketingpraktiken, die eng miteinander verknüpft sind. Beide Konzepte spielen eine entscheidende Rolle dabei, Markenbotschaften effektiv über verschiedene Plattformen zu verbreiten und Zielgruppen dort zu erreichen, wo sie am aktivsten sind. Im Folgenden werden wir diese Themen eingehend betrachten, um ein tieferes Verständnis für ihre Bedeutung und Anwendung zu entwickeln.

Copywriting für verschiedene Medien
Das Kernstück jeder Marketingstrategie ist die Kommunikation, und Copywriting ist das Handwerk, das diese Kommunikation gestaltet. Die Kunst des Copywritings für verschiedene Medien erfordert ein tiefes Verständnis für die spezifischen Kanäle, ihre Zielgruppen und die Art und Weise, wie Inhalte konsumiert werden.

Social Media: Kurze, prägnante und engagierte Botschaften funktionieren am besten. Visuelle Elemente zusammen mit Text können die Aufmerksamkeit erhöhen. Hashtags und Trends sind zu berücksichtigen, um die Sichtbarkeit zu maximieren.

E-Mail-Marketing: Hier geht es darum, Wert zu liefern und gleichzeitig zum Handeln aufzurufen. Personalisierung und Segmentierung sind Schlüssel zum Erfolg, da sie helfen, relevante Nachrichten an spezifische Zielgruppen zu senden.

Webinhalte: SEO-optimierte Artikel und Blogbeiträge, die informativ und wertvoll sind, helfen, Vertrauen aufzubauen und die Sichtbarkeit in Suchmaschinen zu verbessern. Die Benutzererfahrung, einschließlich

Lesbarkeit und Navigation, ist hier von großer Bedeutung.

Anzeigen: Ob online oder offline, die Effektivität einer Anzeige hängt stark von der Kreativität des Copywritings ab. Klar definierte Botschaften mit einem starken Call-to-Action (CTA) sind entscheidend.

Für jeden Kanal müssen Copywriter die Sprache, den Ton und den Stil anpassen, um mit dem Publikum zu resonieren und die gewünschten Reaktionen hervorzurufen.

Cross-Channel-Marketingstrategien
Cross-Channel-Marketing geht über die traditionelle Nutzung einzelner Kanäle hinaus und sucht nach Wegen, um eine kohärente und integrierte Markenerfahrung über verschiedene Berührungspunkte hinweg zu schaffen. Eine effektive Cross-Channel-Strategie berücksichtigt, wie verschiedene Medien zusammenarbeiten können, um die Marketingziele zu erreichen.

Kanalauswahl: Wichtig ist die Auswahl der Kanäle, die von der Zielgruppe am meisten genutzt werden. Die Präsenz auf den richtigen Plattformen kann die Reichweite und das Engagement erheblich steigern.

Konsistenz: Die Botschaften sollten über alle Kanäle hinweg konsistent sein, um eine starke Markenidentität zu fördern. Dies schließt visuelle Elemente, Tonfall und Kernbotschaften ein.

Personalisierung: Die Ansprache der Kunden auf eine persönliche und relevante Weise, basierend auf ihren Vorlieben und früheren Interaktionen, kann die Effektivität des Marketings erheblich verbessern.

Messung und Analyse: Um den Erfolg zu messen und Einblicke für zukünftige Kampagnen zu gewinnen, ist es wichtig, die Leistung über alle Kanäle hinweg zu überwachen. Tools für die Datenanalyse sind hierbei unverzichtbar.

Integration von Technologien: Die Verwendung von Marketing-Automation-Tools kann dabei helfen, personalisierte und zeitnahe Botschaften über verschiedene Kanäle hinweg zu senden.

Cross-Channel-Marketingstrategien erfordern eine sorgfältige Planung und Koordination, bieten aber die Möglichkeit, ein umfassendes und einheitliches Markenerlebnis zu schaffen. Die Integration von effektivem Copywriting über diese Kanäle hinweg ist entscheidend, um die gewünschte Wirkung zu erzielen und letztlich den ROI des Marketings zu maximieren.

Aufbau einer Copywriting-Karriere

Freelancing vs. Festanstellung

Der Aufbau einer Karriere im Copywriting kann verschiedene Wege nehmen, von denen die Arbeit als Freelancer oder die Festanstellung bei einem Unternehmen die gängigsten sind. Beide Karrierewege bieten einzigartige Vor- und Nachteile, und die Entscheidung zwischen ihnen hängt von persönlichen Vorlieben, Karrierezielen und Lebensumständen ab.

Freelancing
Die Freelancer-Karriere im Copywriting bietet eine hohe Flexibilität und Freiheit in Bezug auf Arbeitszeit, Arbeitsort und Projektvielfalt. Freelancer haben die Möglichkeit, an einer breiten Palette von Projekten zu arbeiten, von Werbetexten über Blogposts bis hin zu Social-Media-Inhalten, und können ihre Dienste verschiedenen Branchen anbieten.

Vorteile:

Flexibilität: Als Freelancer kannst du deine Arbeitszeiten und -orte selbst wählen, was besonders attraktiv für Menschen ist, die Wert auf eine ausgewogene Work-Life-Balance legen oder nebenbei andere Verpflichtungen haben.
Projektvielfalt: Freelancing erlaubt es, an einer Vielzahl von Projekten mit unterschiedlichen Klienten zu arbeiten, was zu einem vielseitigen Portfolio führt und die kreative Entwicklung fördert.
Autonomie: Freelancer haben die Kontrolle über ihre Karriere, von der Auswahl der Projekte bis hin zur Festsetzung ihrer Tarife.
Nachteile:

Unsicheres Einkommen: Das Einkommen von Freelancern kann stark variieren, abhängig von der Anzahl und Art der Projekte, die sie zu einem bestimmten Zeitpunkt haben.

Selbstvermarktung: Freelancer müssen kontinuierlich Marketing und Networking betreiben, um neue Kunden zu gewinnen und eine stabile Auftragslage zu sichern.

Fehlende Zusatzleistungen: Im Gegensatz zur Festanstellung bieten Freelance-Positionen in der Regel keine Zusatzleistungen wie Krankenversicherung, bezahlten Urlaub oder Altersvorsorge.

Festanstellung

Eine Festanstellung als Copywriter bedeutet, für ein einzelnes Unternehmen zu arbeiten, sei es innerhalb einer Marketingabteilung, bei einer Werbeagentur oder in einem Verlag. Festanstellungen bieten mehr Sicherheit und Struktur, können aber auch weniger Flexibilität in Bezug auf die Projektauswahl und Arbeitszeiten mit sich bringen.

Vorteile:

Stabiles Einkommen: Angestellte Copywriter erhalten ein regelmäßiges Gehalt, was finanzielle Sicherheit bietet.

Zusatzleistungen: Viele Unternehmen bieten Zusatzleistungen wie Krankenversicherung, bezahlten Urlaub, Boni und Altersvorsorge.

Teamarbeit: Festanstellung ermöglicht die enge Zusammenarbeit mit anderen Abteilungen und Fachleuten, was zu einem tieferen Verständnis für unterschiedliche Aspekte des Marketings und der Unternehmensführung führen kann.

Nachteile:

Weniger Flexibilität: Angestellte Copywriter haben oft festgelegte Arbeitszeiten und -orte, was die Flexibilität im Vergleich zum Freelancing einschränkt.

Geringere Projektvielfalt: In Festanstellungen kann man auf bestimmte Marken oder Produktlinien beschränkt sein, was die kreative Vielfalt einschränken kann.

Bürokratie: Größere Unternehmen können durch interne Prozesse und Entscheidungswege gekennzeichnet sein, die kreative Freiheiten einschränken können.

Der ideale Weg für eine Copywriting-Karriere hängt von den individuellen Prioritäten, Zielen und Lebensumständen ab. Freelancing bietet Unabhängigkeit und Vielfalt, erfordert aber auch eine hohe Selbstmotivation und ausgezeichnete Selbstvermarktungsfähigkeiten. Eine Festanstellung bietet Sicherheit und strukturierte Arbeitsbedingungen, kann aber die kreative Freiheit einschränken. Viele Copywriter beginnen ihre Karriere als Freelancer, um Erfahrungen zu sammeln und ein Portfolio aufzubauen, bevor sie sich für eine Festanstellung entscheiden, während andere die Freiheit und Vielfalt des Freelancings bevorzugen. Letztendlich sollte die Entscheidung auf einer sorgfältigen Abwägung der persönlichen und beruflichen Ziele basieren.

Portfoliogestaltung und Networking

Der Aufbau einer Karriere im Copywriting, eines Berufsfelds, das sowohl kreatives Geschick als auch ein tiefes Verständnis für Zielgruppen und Marketingstrategien erfordert, kann eine lohnende Herausforderung sein. Eine erfolgreiche Karriere als Copywriter setzt sich aus verschiedenen Bausteinen zusammen, wobei die Gestaltung eines überzeugenden Portfolios und effektives Networking zwei der wesentlichen Säulen darstellen.

Portfolio-Gestaltung
Das Portfolio ist das Aushängeschild eines jeden Copywriters. Es präsentiert nicht nur die Fähigkeiten und den Stil des Verfassers, sondern dient auch dazu, potenziellen Auftraggebern und Arbeitgebern einen Einblick in die Bandbreite seiner oder ihrer Arbeit zu geben. Hier sind einige Schritte und Tipps zur Gestaltung eines wirkungsvollen Portfolios:

Auswahl der Arbeiten: Ein gutes Portfolio sollte eine sorgfältig kuratierte Auswahl deiner besten Arbeiten umfassen. Es ist wichtig, Vielfalt zu zeigen, um deine Flexibilität und Fähigkeit zur Anpassung an verschiedene Tonlagen, Stile und Zielgruppen zu demonstrieren. Dazu können Blogbeiträge, Werbetexte, Produktbeschreibungen, Social-Media-Posts und andere relevante Inhalte gehören.

Kontextualisierung: Jedes Stück in deinem Portfolio sollte mit einem kurzen Kontext versehen sein, der erklärt, für welches Projekt oder welche Marke es erstellt wurde, was die Ziele waren und wie die Ergebnisse aussahen. Dies hilft Betrachtern zu verstehen, wie du strategisch denkst und welchen Beitrag deine Arbeit zum Erfolg des Projekts geleistet hat.

Online-Präsenz: In der heutigen digitalen Welt ist ein Online-Portfolio praktisch unerlässlich. Plattformen wie WordPress, Squarespace oder spezialisierte Portfolio-Websites ermöglichen es dir, eine professionell aussehende Präsentation deiner Arbeiten zu erstellen. Achte darauf, dass dein Portfolio leicht navigierbar, visuell ansprechend und mobilfreundlich ist.

Persönliche Marke: Dein Portfolio sollte auch einen Abschnitt über dich enthalten, der deine Persönlichkeit, deine Fachkenntnisse und deine Werte vermittelt. Ein professionelles Foto, eine Bio und eventuell Kundenbewertungen oder Testimonials können hier sehr wirkungsvoll sein.

Networking
Networking ist ein weiterer entscheidender Faktor für den Aufbau einer erfolgreichen Copywriting-Karriere. Durch die Pflege von professionellen Beziehungen kannst du nicht nur neue Aufträge gewinnen, sondern auch von den Erfahrungen und dem Wissen anderer profitieren. Hier sind einige Strategien für effektives Networking:

Branchenveranstaltungen und Workshops: Die Teilnahme an Veranstaltungen, Konferenzen und Workshops bietet eine hervorragende Gelegenheit, Gleichgesinnte zu treffen und sich mit Branchenführern zu vernetzen. Sei proaktiv, stelle Fragen und tausche Visitenkarten aus.

Social Media und Online-Communities: Plattformen wie LinkedIn, Twitter und branchenspezifische Foren sind großartige Orte, um online zu netzwerken. Teile deine Arbeiten, kommentiere Beiträge anderer und beteilige dich an Diskussionen, um deine Sichtbarkeit und deine Marke zu stärken.

Kaltakquise und E-Mail-Marketing: Obwohl es herausfordernd sein kann, ist die Kaltakquise eine Methode, um direkt mit potenziellen Kunden in Kontakt zu treten. Eine gut geschriebene, personalisierte E-Mail, die dein Interesse und deine Fähigkeiten kurz darstellt, kann Türen öffnen.

Mentoring und Weiterbildung: Suche nach Mentoren in der Branche, die dir Ratschläge geben und dir helfen können, Wachstumsbereiche zu identifizieren. Gleichzeitig ist es wichtig, durch Kurse und Zertifikate in relevanten Bereichen wie SEO, Content-Marketing und digitale Strategie auf dem Laufenden zu bleiben.

Der Aufbau einer Karriere im Copywriting erfordert Zeit, Geduld und stetige Weiterentwicklung. Ein starkes Portfolio zeigt nicht nur dein Können, sondern auch deine Vielseitigkeit und Anpassungsfähigkeit. Networking, sowohl online als auch persönlich, eröffnet neue Möglichkeiten und erweitert dein Verständnis für die Branche. Mit Engagement und strategischem Vorgehen kannst du dir als Copywriter einen Namen machen und eine erfolgreiche Karriere aufbauen.

Fortlaufende Bildung und Trends

Wichtige Ressourcen für Copywriter

Im dynamischen Feld des Copywritings ist es essenziell, ständig am Ball zu bleiben, sowohl was die fortlaufende Bildung als auch das Verfolgen der neuesten Trends betrifft. Die digitale Marketinglandschaft und die Vorlieben des Publikums ändern sich schnell, und Copywriter müssen sich kontinuierlich weiterbilden, um effektiv und relevant zu bleiben. Hier sind einige wichtige Ressourcen, die Copywritern helfen können, ihre Fähigkeiten zu schärfen und auf dem neuesten Stand der Branche zu bleiben.

Online-Kurse und Webinare
- Coursera und Udemy: Diese Plattformen bieten Zugang zu einer Vielzahl von Kursen im Bereich Copywriting, Content-Marketing und verwandten Themen. Sie ermöglichen es, von Experten zu lernen und Zertifikate zu erwerben, die die eigenen Fähigkeiten unter Beweis stellen.
- LinkedIn Learning: Bietet spezialisierte Kurse, die von Branchenexperten geleitet werden, und deckt ein breites Spektrum an Themen ab, von den Grundlagen des Copywritings bis hin zu fortgeschrittenen Techniken und Strategien.

Fachbücher
- "Everybody Writes" von Ann Handley: Dieses Buch bietet einen modernen Blick auf das Schreiben im digitalen Zeitalter und ist eine hervorragende Ressource für jeden, der seine Fähigkeiten im Content-Marketing und Copywriting verbessern möchte.

- "The Copywriter's Handbook" von Robert W. Bly: Ein umfassendes Werk, das als unverzichtbare Lektüre für angehende und erfahrene Copywriter gilt. Es bietet detaillierte Anleitungen und Techniken für das Schreiben überzeugender Copy.

Branchenblogs und Publikationen
- Copyblogger: Eine der führenden Ressourcen im Internet für Copywriting und Content-Marketing. Copyblogger bietet Artikel, E-Books und Kurse, die sich auf das Schreiben von wirkungsvollen Inhalten konzentrieren.
- Content Marketing Institute (CMI): Bietet umfassende Einblicke und Ressourcen zum Thema Content-Marketing, einschließlich Fallstudien, Forschungsergebnisse und Leitfäden.

Tools und Technologien
- Grammarly: Ein Korrekturlesetool, das hilft, Grammatikfehler, Zeichensetzungsfehler und Stilprobleme in Texten zu identifizieren und zu korrigieren. Es ist ein nützliches Werkzeug für Copywriter, um ihre Texte zu polieren.
- Hemingway App: Diese Anwendung analysiert Texte auf Verständlichkeit und hilft dabei, komplexe Sätze zu vereinfachen, was für das Schreiben klarer und wirkungsvoller Copy essentiell ist.

Podcasts und Videokanäle
- The Copywriter Club Podcast: Bietet Einblicke und Interviews mit erfolgreichen Copywritern und Marketingspezialisten. Die Themen reichen von Geschäftsstrategien bis hin zu spezifischen Copywriting-Techniken.
- Marketing School von Neil Patel und Eric Siu: Ein täglicher Podcast, der Marketing- und Copywriting-

Tipps in kurzen, leicht verdaulichen Episoden bietet.

Soziale Medien und Networking
- LinkedIn Gruppen: Es gibt zahlreiche Gruppen für Copywriter und Content-Marketer auf LinkedIn, die ein hervorragender Ort für Networking, Diskussionen und das Teilen von Ressourcen sind.
- Twitter: Folgen Sie führenden Copywritern und Marketing-Experten, um regelmäßige Updates, Tipps und Einblicke in die Branche zu erhalten.

Branchenkonferenzen und Workshops
- Content Marketing World: Eine der größten Konferenzen für Content-Marketing, die Workshops, Vorträge und Networking-Möglichkeiten bietet.
- CopyCon: Eine spezialisierte Konferenz für Copywriter, die sich auf das Schreiben von Werbetexten, SEO, digitales Marketing und vieles mehr konzentriert.

Die fortlaufende Bildung und das Verfolgen der Trends im Copywriting erfordern eine Kombination aus formalem Lernen, Selbststudium und praktischer Anwendung. Durch die Nutzung der oben genannten Ressourcen können Copywriter ihre Fähigkeiten erweitern, mit den neuesten Entwicklungen Schritt halten und letztlich erfolgreicher in ihrer Arbeit sein. Es ist wichtig, eine Lernroutine zu entwickeln und regelmäßig Zeit für die eigene Weiterbildung und das Networking mit anderen Fachleuten zu investieren.

Bleiben Sie auf dem Laufenden mit Branchentrends

Im dynamischen Feld des Copywritings ist die fortlaufende Bildung nicht nur eine Empfehlung, sondern eine Notwendigkeit. Die digitale Landschaft verändert sich rasant, und mit ihr ändern sich auch die Strategien, Technologien und Vorlieben des Publikums. Copywriter, die auf dem neuesten Stand bleiben möchten, müssen sich daher kontinuierlich weiterbilden und mit den aktuellen Trends Schritt halten. Hier sind einige Schlüsselaspekte, wie Copywriter ihre Kenntnisse erweitern und aktuelle Branchentrends verfolgen können:

Kontinuierliches Lernen
Online-Kurse und Webinare: Plattformen wie Coursera, Udemy, LinkedIn Learning und andere bieten zahlreiche Kurse zu Copywriting, SEO, Content Marketing und verwandten Themen an. Diese Kurse reichen von Grundlagen für Anfänger bis hin zu spezialisierten Themen für Fortgeschrittene.
Workshops und Konferenzen: Die Teilnahme an Workshops und Konferenzen bietet nicht nur die Möglichkeit, neueste Erkenntnisse und Techniken zu lernen, sondern auch mit anderen Fachleuten aus der Branche zu netzwerken.
Zertifizierungsprogramme: Viele Organisationen und Softwareanbieter bieten Zertifizierungsprogramme an, die spezifisches Wissen über Tools und Strategien im digitalen Marketing und Copywriting vermitteln.
Trends Verfolgen
Branchenblogs und Artikel: Folgen Sie führenden Blogs und Publikationen im Bereich Marketing und Copywriting, um aktuelle Trends und Diskussionen zu verfolgen.

Websites wie Copyblogger, Content Marketing Institute und MarketingProfs sind großartige Ressourcen.

Soziale Medien und Foren: LinkedIn, Twitter und Fachforen können wertvolle Quellen für Branchennachrichten und Trends sein. Das Folgen von Influencern und Fachleuten im Bereich Copywriting kann Einblicke in bewährte Methoden und neue Ansätze bieten.

Bücher: Auch wenn digitale Medien dominieren, bleiben Bücher eine wichtige Ressource für tiefgreifendes Lernen. Neuerscheinungen von führenden Copywritern und Marketern können wertvolle Einblicke in die Evolution des Feldes bieten.

Praxis und Experimentieren

Eigene Projekte: Die Anwendung des Gelernten auf eigene Projekte oder die Freiwilligenarbeit für gemeinnützige Organisationen kann wertvolle praktische Erfahrungen bieten.

A/B-Tests: Experimentieren mit verschiedenen Copywriting-Techniken und -Strategien auf eigenen oder Unternehmenswebseiten, um zu sehen, was am besten funktioniert, ist ein hervorragender Weg, um direkt von realen Daten zu lernen.

Netzwerken

Branchenverbände: Der Beitritt zu Branchenverbänden oder -gruppen, sowohl online als auch offline, kann Möglichkeiten für Lernen, Networking und berufliches Wachstum bieten.

Mentorship: Ein Mentor, der bereits erfolgreich in der Branche ist, kann unbezahlbare Einblicke und Ratschläge bieten.

Technologische Entwicklungen

Künstliche Intelligenz und maschinelles Lernen: Diese Technologien gewinnen zunehmend an Bedeutung im Copywriting, von der Content-Erstellung bis zur Optimierung. Es ist wichtig, sich mit diesen Werkzeugen vertraut zu machen und zu lernen, wie man sie effektiv einsetzt.

Neue Plattformen und Medien: Die Landschaft der sozialen Medien und digitalen Plattformen entwickelt sich ständig weiter. Copywriter müssen neue Kanäle erkunden und verstehen, wie man Inhalte für diese erstellt.

Die fortlaufende Bildung und das Verfolgen von Trends sind entscheidend für den Erfolg im Copywriting. Durch die Kombination aus formalem Lernen, praktischer Anwendung und dem Verständnis für die neuesten Technologien und Plattformen können Copywriter ihre Fähigkeiten schärfen und ihre Karrieren vorantreiben. Wichtig ist, immer neugierig zu bleiben und bereit zu sein, sich anzupassen und zu lernen, um in dieser sich schnell verändernden Branche relevant zu bleiben.

Anhang

Glossar wichtiger Begriffe

Copywriting ist ein zentraler Aspekt des Marketings und der Kommunikation, der die Kunst und Wissenschaft des Schreibens von Texten (Copy) umfasst, die darauf abzielen, ein Publikum zum Handeln zu bewegen. Ein gutes Verständnis der Grundbegriffe des Copywritings ist entscheidend für jeden, der in diesem Bereich erfolgreich sein möchte. Im Folgenden finden Sie ein Glossar wichtiger Begriffe, die im Zusammenhang mit Copywriting stehen:

1. AIDA-Modell
Attention (Aufmerksamkeit): Der erste Schritt besteht darin, die Aufmerksamkeit des Publikums zu erregen.
Interest (Interesse): Nachdem die Aufmerksamkeit erregt wurde, gilt es, das Interesse des Lesers an der Nachricht zu wecken.
Desire (Wunsch): Der dritte Schritt ist, den Wunsch nach dem Produkt oder der Dienstleistung zu steigern.
Action (Handlung): Schließlich soll der Text den Leser dazu motivieren, eine bestimmte Handlung zu vollziehen, wie z.B. den Kauf eines Produkts.
2. USP (Unique Selling Proposition)
Ein Alleinstellungsmerkmal, das ein Produkt, eine Dienstleistung oder eine Marke einzigartig macht. Der USP soll potenzielle Kunden davon überzeugen, dass das beworbene Angebot ihren Bedürfnissen am besten entspricht.

3. SEO (Search Engine Optimization)
Suchmaschinenoptimierung bezieht sich auf Techniken, die dazu dienen, die Sichtbarkeit einer Webseite in den

Suchergebnissen von Suchmaschinen zu verbessern, indem sie für relevante Schlüsselwörter und Phrasen optimiert wird.

4. Call-to-Action (CTA)

Ein Aufruf zum Handeln ist eine klare Aufforderung an den Leser, eine bestimmte Aktion auszuführen, wie z.B. "Jetzt kaufen", "Mehr erfahren" oder "Abonnieren". CTAs sind ein kritischer Bestandteil effektiver Copy, da sie die Leser zur Interaktion bewegen.

5. Headline

Die Überschrift oder der Titel eines Textes, der darauf abzielt, die Aufmerksamkeit der Leser zu erregen und sie dazu zu bringen, den restlichen Text zu lesen. Eine effektive Überschrift ist oft entscheidend für den Erfolg einer Werbekampagne oder eines Inhaltsstücks.

6. Subheadline

Eine Unterüberschrift, die zusätzliche Informationen zur Hauptüberschrift liefert und oft dazu dient, das Interesse des Lesers weiter zu vertiefen.

7. Content Marketing

Eine Marketingstrategie, die auf die Erstellung und Verteilung von wertvollem, relevantem und konsistentem Content abzielt, um eine klar definierte Zielgruppe anzuziehen und zu binden, mit dem ultimativen Ziel, profitable Kundenaktionen zu fördern.

8. Conversion Rate (Konversionsrate)

Das Verhältnis von Besuchern, die eine bestimmte Handlung auf einer Webseite ausführen (z.B. einen Kauf tätigen, ein Formular ausfüllen), zur Gesamtzahl der Besucher. Eine höhere Konversionsrate gilt als Indikator für erfolgreiche Copy und Webdesign.

9. Copy Deck

Ein Dokument, das alle textlichen Elemente eines Projekts enthält, einschließlich Überschriften, Subheadlines, Haupttext, CTAs und manchmal auch Anweisungen für das Design oder Layout. Es dient als Referenzpunkt für alle Beteiligten bei der Erstellung von Marketingmaterialien.

10. Target Audience (Zielgruppe)

Die spezifische Gruppe von Personen, für die ein Produkt, eine Dienstleistung oder eine Botschaft bestimmt ist. Das Verständnis der Zielgruppe ist entscheidend für effektives Copywriting, da es ermöglicht, die Sprache, den Ton und den Inhalt auf die Bedürfnisse und Vorlieben dieser Gruppe zuzuschneiden.

11. Tone of Voice (Tonfall)

Der Tonfall bezieht sich auf die Persönlichkeit und Einstellung, die in der schriftlichen Kommunikation zum Ausdruck kommt. Er sollte die Markenidentität widerspiegeln und konsistent über alle Inhalte hinweg sein.

12. Keyword (Schlüsselwort)

Ein Wort oder eine Phrase, die in den Texten einer Webseite verwendet wird, um die Sichtbarkeit in Suchmaschinen zu verbessern. Keywords sollten sorgfältig ausgewählt und strategisch im Text platziert werden, um die SEO zu optimieren.

Dieses Glossar bietet einen Überblick über einige der wichtigsten Begriffe, die im Zusammenhang mit Copywriting stehen. Ein tiefes Verständnis dieser Konzepte ist entscheidend für jeden, der effektive und überzeugende Inhalte erstellen möchte.

Empfohlene Ressourcen und Werkzeuge

Copywriting ist eine essenzielle Fähigkeit im Marketing und in der Kommunikation, die es ermöglicht, überzeugende Inhalte zu erstellen, die das Publikum ansprechen und zum Handeln motivieren. Um in diesem Bereich erfolgreich zu sein, ist es wichtig, Zugang zu den richtigen Ressourcen und Werkzeugen zu haben. Hier sind einige empfohlene Ressourcen und Werkzeuge, die jedem Copywriter helfen können, seine Fähigkeiten zu verbessern und effektive Inhalte zu produzieren.

Online-Kurse und Tutorials
Copyblogger: Eine führende Ressource für Online-Marketing und Copywriting. Copyblogger bietet eine Vielzahl von Artikeln, E-Books und Kursen, die sich auf effektives Content-Marketing und Copywriting konzentrieren.
Udemy und Coursera: Beide Plattformen bieten zahlreiche Kurse zu verschiedenen Aspekten des Copywritings an, von den Grundlagen bis hin zu fortgeschrittenen Techniken, unterrichtet von Branchenexperten.
HubSpot Academy: Bietet kostenlose Kurse und Zertifizierungen zu verschiedenen Marketing-Themen, einschließlich Content-Marketing und Copywriting.
Bücher
"On Writing Well" von William Zinsser: Ein klassisches Buch über das Schreiben, das wertvolle Einsichten für jeden bietet, der seine Schreibfähigkeiten verbessern möchte.
"The Copywriter's Handbook" von Robert W. Bly: Ein umfassender Leitfaden für Anfänger und erfahrene

Copywriter, der Techniken und Strategien für das Schreiben effektiver Copy vorstellt.

"Everybody Writes" von Ann Handley: Ein moderner Ansatz zum Schreiben und Content-Marketing, der zeigt, wie man in der digitalen Welt ansprechende und wirkungsvolle Inhalte erstellt.

Werkzeuge für das Schreiben und die Forschung Grammarly: Ein Textkorrektur-Tool, das Grammatik-, Rechtschreib- und Stilfehler erkennt und Vorschläge zur Verbesserung macht.

Hemingway Editor: Ein Tool, das hilft, deine Schreibweise klarer und verständlicher zu machen, indem es komplexe Sätze und gebräuchliche Fehler hervorhebt.

Evernote: Eine Notiz- und Organisationssoftware, die ideal ist, um Rechercheergebnisse zu sammeln, Ideen festzuhalten und Entwürfe zu speichern.

SEO- und Analysewerkzeuge Ahrefs oder SEMrush: Beide Tools sind essentiell für die Keyword-Recherche und die Wettbewerbsanalyse, um sicherzustellen, dass deine Inhalte für Suchmaschinen optimiert sind und dein Zielpublikum erreichen.

Google Analytics: Ein unverzichtbares Tool zur Analyse des Traffics und des Verhaltens der Besucher auf deiner Website, was dir hilft, den Erfolg deiner Copywriting-Bemühungen zu messen.

Kreativität und Inspiration Behance und Dribbble: Plattformen, auf denen Kreative ihre Arbeit teilen, können eine großartige Inspirationsquelle sein, um visuelle Trends und Ideen zu entdecken, die deine Copywriting-Projekte ergänzen können.

Feedly: Ein RSS-Feed-Reader, der es ermöglicht, Blogs und Artikel aus deinen Interessensgebieten zu verfolgen, um auf dem Laufenden zu bleiben und Inspiration für neue Inhalte zu sammeln.

Die Kombination dieser Ressourcen und Werkzeuge kann Copywritern dabei helfen, ihre Fähigkeiten zu schärfen, ihre Effizienz zu steigern und letztendlich überzeugendere und wirkungsvollere Inhalte zu erstellen. Es ist wichtig, ständig zu lernen und sich anzupassen, da sich die Best Practices im Copywriting und Content-Marketing schnell weiterentwickeln.

Danke

Ich möchte mich nun an dich wenden und meine Dankbarkeit für alle Menschen ausdrücken, mit denen ich bis jetzt privat und beruflich zu tun hatte. Ohne all diese wäre ich nicht der Mensch, der ich heute bin, und ich hätte auch nicht das Wissen und die Erfahrungen, die ich in meinem Leben gesammelt habe.

Durch sehr viele Menschen, durch die vielen Fragen, die ihr mir gestellt habt, und durch die erlangten Erfahrungen, konnte ich dieses Buch, viele weitere Bücher und viele hunderte Blogartikel schreiben, mit denen ich hoffentlich ein bisschen Mehrwert in die Welt tragen durfte. Ich habe gelernt, zuzuhören und andere Perspektiven zu verstehen, was mir geholfen hat, mein Wissen und meine Einsichten zu vertiefen, zu erweitern und nun auch dir zur Verfügung zu stellen. Ich bin sehr dankbar dafür, dass ihr mir die Möglichkeit gegeben habt, aus euren Erfahrungen und Bedürfnissen zu lernen und neue Dinge zu entdecken.

Die vielen Gespräche und immer wiederkehrenden Themen, die ich mit vielen Menschen hatte, haben mich auch dazu inspiriert, diese Kapitel in einem Buch zu schreiben. Durch viele Diskussionen konnte ich erkennen, was nun auch für dich wichtig ist und welche Themen besonders interessant sind. Diese Erkenntnisse waren entscheidend dafür, dass ich das Buch schreiben konnte, das du jetzt in den Händen hältst.

Und natürlich möchte ich mich auch bei dir bedanken, das du dieses Buch erworben hast! Durch deine Unterstützung kann ich noch viele Menschen ins und durch das Internet und zu neuen Wegen begleiten und ihnen helfen, ihre eigenen Erfahrungen und Erkenntnisse zu sammeln. Ohne DICH wäre das nicht möglich.

Also nochmals vielen Dank an alle Menschen, mit denen ich bis jetzt zu tun hatte, an alle, die mir Fragen gestellt haben, und an alle, die mich inspiriert und unterstützt haben. Ich bin dankbar für eure Anwesenheit in meinem Leben und für die vielen wunderbaren Erfahrungen, die ich mit euch gemacht habe. Ich hoffe, dass ich auch weiterhin in der Lage sein werde, dich zu inspirieren und zu unterstützen, und dass wir gemeinsam noch viele weitere Abenteuer erleben werden.

In diesem Sinne möchte ich mich bei alles Menschen herzlichen Bedanken und somit ein großes DANKE aussprechen!

DANKE

Feedback

Da sich im Internet täglich alles erweitert und verändert bin ich immer sehr um Aktualisierungen bemüht. Es kommt auch vor, dass mal etwas überhaupt nicht mehr funktioniert oder vielleicht in einer Stunde wieder. So flexibel und variabel, wie der Mensch, ist auch das Internet – und etwas später zieht das Buch nach.

Da ich auch nur ein Mensch bin, gelingt dies natürlich nicht immer für jeden zur vollsten Zufriedenheit. Bitte nimm einfach Kontakt mit mir auf (am liebsten per Mail oder Textnachricht), und ich werde schnellstmöglich für Erweiterungen und Verbesserungen sorgen. Solltest du Detailfragen haben, stehe ich dir natürlich auch sehr gerne zur Verfügung.

Wer Rechtschreibfehler findet, darf sie gerne behalten!

Oder noch besser, teile sie mir gerne per E-Mail mit: office@markusflicker.com

Feedback im Internet

Feedback ist ein wichtiger Bestandteil jeder Form von Kommunikation und bezieht sich auf die Rückmeldung, die jemand über eine Leistung oder ein Produkt erhält. In der Regel handelt es sich dabei um Informationen darüber, wie gut etwas funktioniert hat, was verbessert werden kann oder welche Aspekte besonders positiv oder negativ waren.

Im Bereich des Internets ist Feedback besonders wichtig, da sich die Technologie ständig weiterentwickelt und verändert. Es kann vorkommen, dass bestimmte Funktionen oder Features plötzlich nicht mehr funktionieren oder dass neue Updates oder Tools verfügbar werden. Um sicherzustellen, dass die Benutzer einer Website oder einer App stets die bestmögliche Erfahrung machen, ist es wichtig, Feedback zu sammeln und darauf zu reagieren.

Ein wichtiger Aspekt von Feedback ist, dass es sowohl positiv als auch negativ sein kann. Positive Rückmeldungen können dazu beitragen, das Selbstvertrauen und die Motivation der Beteiligten zu stärken, während negative Rückmeldungen als Ansporn für Verbesserungen dienen können. Es ist wichtig, dass Feedback konstruktiv und spezifisch ist, um einen maximalen Nutzen zu erzielen.

Im Kontext von Websites und Apps können Benutzer Feedback in verschiedenen Formen geben, einschließlich Kommentaren, Bewertungen, Bewertungsskalen oder Umfragen. Es ist wichtig, dass diejenigen, die das Feedback sammeln, sorgfältig auf die Kommentare und Meinungen der Benutzer achten und darauf reagieren, um sicherzustellen, dass ihre Erfahrungen so positiv wie möglich sind.

Wenn es darum geht, Feedback zu geben, ist es wichtig, ehrlich und detailliert zu sein. Wenn etwas nicht funktioniert oder wenn Verbesserungen erforderlich sind, sollten die Probleme so genau wie möglich beschrieben werden, um dem Empfänger die Möglichkeit zu geben, angemessen zu reagieren. Darüber hinaus ist es hilfreich, spezifische Vorschläge für Verbesserungen zu machen, anstatt nur Probleme zu benennen.

Zusammenfassend ist Feedback ein wichtiger Bestandteil jeder Form von Kommunikation und besonders wichtig im Bereich des Internets. Es ist wichtig, sowohl positive als auch negative Rückmeldungen zu erhalten und darauf zu reagieren, um sicherzustellen, dass die Benutzer eine optimale Erfahrung machen. Wenn Feedback gegeben wird, sollte es ehrlich, detailliert und konstruktiv sein, um den größtmöglichen Nutzen zu erzielen.

Impressum

Markus Flicker
Neugasse 20/4
8200 Gleisdorf
Steiermark / Österreich

office@markusflicker.com
https://MarkusFlicker.com

Auflage März 2025

Weitere und aktualisierte Infos zum Buch findest du online unter https://markusflicker.com

Bin kein Rechtsanwalt und teile hier nur meine Erfahrungen mit dir.

Gendering

In diesem Buch wird ein inklusiver und respektvoller Sprachgebrauch angewandt, der darauf abzielt, alle Menschen unabhängig von ihrem Geschlecht, ihrer geschlechtlichen Identität oder ihrer sexuellen Orientierung anzusprechen und einzubeziehen. Es ist mir ein besonderes Anliegen, durch meine Wortwahl nicht nur die Vielfalt und Gleichwertigkeit aller Geschlechter, sondern auch die der LGBT+ Gemeinschaft widerzuspiegeln. Daher verwende ich entweder geschlechtsneutrale Formulierungen oder wechsle zwischen femininen, maskulinen und diversen Formen, um eine gleichberechtigte und inklusive Repräsentation zu gewährleisten.

Ich möchte betonen, dass jede Person, unabhängig von ihrer Geschlechtsidentität, sexuellen Orientierung, ihres kulturellen Hintergrunds, ihrer Herkunft, ihres Alters, ihrer Fähigkeiten oder anderer individueller Merkmale, gleichermaßen wertgeschätzt und respektiert wird. Dieses Buch spiegelt nicht nur meinen tiefen Respekt und meine Wertschätzung für die Vielfalt des menschlichen Daseins wider, sondern auch mein Engagement für die Anerkennung und Unterstützung der LGBT+ Gemeinschaft.

Mein Ziel ist es, durch die in diesem Buch verwendeten Sprachformen ein Umfeld der Inklusivität, des Respekts und der Gleichberechtigung für alle Menschen zu fördern. Ich ermutige die Leser*innen, sich dieser Haltung anzuschließen und in ihren eigenen Lebensbereichen für ein gleichberechtigtes, respektvolles und inklusives Miteinander einzutreten. Jeder Mensch ist einzigartig und wertvoll, und es ist unser gemeinsames Ziel, eine Gesellschaft zu schaffen, in der jeder so akzeptiert und geschätzt wird, wie er ist und sein möchte.

Mehr vom Autor

Markus Flicker Fotograf Videograf Gleisdorf Graz Content Creator Autor Steiermark Österreich
Fotografie / Video / Bildbearbeitung / Workshops / Reisen / Blog / Podcast

Blog: https://MarkusFlicker.com Amazon: https://amzn.to/4ewi3ry
Facebook: https://www.facebook.com/markusflickerblogger
Instagram: https://www.instagram.com/markusflickerblogger/
LinkedIn: https://www.linkedin.com/in/markus-flicker-29594b228/
YouTube: https://www.youtube.com/@markusflicker
Pinterest: https://www.pinterest.at/MarkusFlickerBlog/
Podcast: https://open.spotify.com/show/1hebHFjB7sUBxYgwejxY8v
Danke für deine Google 5 Sterne Bewertung: https://g.page/r/CZ6SirB53d5XEAI/review

Sichtbar im Internet werden: https://amzn.to/42htqOY #sichtbarkeit
Fotografieren und Filmen mit dem Smartphone: https://amzn.to/3vVyMTX #smartphonefotografie #smartphonevideo
36 Strategeme für deinen Business Erfolg: https://amzn.to/3HAMdv8 #36strategeme
Minimalismus: https://amzn.to/4beUiTL #minimalismus
Lebensbereiche & Lebensrad: https://amzn.to/3UrYWaS #lebensrad #wheeloflife
Leaders are readers https://amzn.to/3RaNJIJ #leadersarereaders
Die 7 Todsünden im 21sten Jahrhundert: https://amzn.to/3ucQtxI

Gute Nacht Geschichten für Kinder: https://amzn.to/3Oj4uAD
Roadtrip in Europa: https://amzn.to/42JvWxx
Copywriting Buch: https://amzn.to/4ajvWHl
Storytelling Buch: https://amzn.to/3IQqFuV
Gedanken zum Leben: https://amzn.to/4adCsQ1
Japanische Weisheiten und Techniken: https://amzn.to/45EjXmv
Jetzt Selbstständig machen: https://amzn.to/4d8ROWY
Jamu: https://amzn.to/3Av9KxG
Mikroabenteuer: https://amzn.to/3V1g0UJ
Smartphone-Fotografie für Social Media: https://amzn.to/4fOsZBL
Kreative DIY Fotografie: https://amzn.to/40mCod1
Kreative DIY Fotoprojekte: https://amzn.to/41mti1E

Autorenseite: https://www.amazon.de/stores/author/B0BK5DMZPQ
Autorenbeschreibung: https://www.amazon.de/stores/author/B0BK5DMZPQ/about
Buchübersicht: https://app.storiad.com/author/MarkusFlicker

www.ingramcontent.com/pod-product-compliance
Lightning Source LLC
Chambersburg PA
CBHW070422290526
45791CB00005B/1795